MARINILZA BRUNO DE CARVALHO
ANTONIO CARLOS DE AZEVEDO RITTO
(ORGANIZADORES)

A INSTITUIÇÃO E PROFISSIONAIS NO USO DE TECNOLOGIA EM TEMPOS DE PANDEMIA

EDITORA
CIÊNCIA MODERNA

A Instituição e Profissionais no Uso de Tecnologia em Tempos de Pandemia

Editor: Paulo André P. Marques
Produção Editorial: Dilene Sandes Pessanha
Capa: Ismael Souza da Silva
Diagramação: Daniel Jara
Copidesque: Equipe Ciência Moderna

FICHA CATALOGRÁFICA

RITTO, Antonio Carlos de Azevedo; CARVALHO, Marinilza Bruno de. (Orgs.)

A Instituição e Profissionais no Uso de Tecnologia em Tempos de Pandemia

Rio de Janeiro: Editora Ciência Moderna Ltda., 2023.

1. Estudo 2. Ensino 3. Tecnologia
I — Título

ISBN: 978-65-5842-231-0 CDD 004.07

Editora Ciência Moderna Ltda.
R. Alice Figueiredo, 46 – Riachuelo
Rio de Janeiro, RJ – Brasil CEP: 20.950-150
Tel: (21) 2201-6662/ Fax: (21) 2201-6896
E-MAIL: LCM@LCM.COM.BR
WWW.LCM.COM.BR **01/23**

Prefácio

No início de 2020, a Covid-19 se espalhava pelo mundo e a Organização Mundial da Saúde identificou que se tratava de uma pandemia.

Aprendemos novas palavras e significados e muitas controvérsias tais como distanciamento social, uso de máscaras, cuidado com as coisas que chegavam em casa, higiene mais caprichada, uso de álcool, dentre tantas outras.

Tivemos que mudar hábitos para que o trabalho, a educação e o próprio convívio familiar e com amigos próximos pudessem continuar, ainda que de uma forma diferente do habitual; progressivamente foram sendo desenvolvidas novas formas de viver e de conviver.

Muitas pessoas, famílias, enfrentaram sérios problemas com perda de emprego, diminuição de renda e aumento de despesas. Isso aconteceu em todo o mundo desenhando um quadro social, econômico e sanitário muito difícil para a pessoa, para as empresas e para os países.

As pessoas perderam parte de sua liberdade.

Longos e cansativos dias em confinamento criam dificuldades e questionamentos antes não existentes ou não percebidos, camuflados pelo ritmo acelerado que envolvia a maioria das pessoas.

Profissionais da saúde experimentam estresse, medo, ansiedade, diante de todo tipo de contaminação e com inúmeras vidas entregues em suas mãos, muitas vezes sem as condições adequadas de socorro e tratamento. O Sistema de Saúde e todos os seus componentes, mormente humanos, foram esgotados; no caso dos profissionais de saúde não é surpresa que muitos estejam fragilizados fisicamente, psicologicamente e mentalmente.

A solidariedade e a empatia entre as pessoas, entre todos, precisaram se alargar e ultrapassar os limites habituais para que pudéssemos superar as consequências tão danosas geradas por este tempo.

Mas a pandemia pode nos revelar novos significados, novas formas de conviver, pode nos ensinar novos limites para a tolerância, a buscar caminhos novos, mais solidários, talvez possamos desenvolver novas percepções.

Diante da obrigação de rever os hábitos cotidianos, os brasileiros acabaram adotando novos comportamentos e desenvolveram novas percepções indicando caminhos novos que, em muitos casos sepultaram antigas formas de conviver e que estarão presentes mesmo quando a pandemia for uma questão superada.

O tempo pós-pandemia conviverá com problemas de saúde, gripes e necessidades de cuidados cujas práticas não eram cotidianas. Isso vai desde cuidados pessoais com higiene, práticas de relacionamentos pessoais e nos negócios e, sobretudo familiaridade com uso de tecnologia e inovação.

A pandemia evidenciou mudanças e apontou oportunidades que estavam disponíveis a respeito das quais muitas pessoas, organizações de todo tipo e principalmente empresas, estavam alheias: diante das necessidades e das emergências, a inovação se apresentou como uma boa saída; em muitos casos, a única saída.

No contexto deste Projeto foram realizadas pesquisas buscando identificar a percepção de diversos segmentos no mundo do trabalho, através de diversos atores, em processos cotidianos cujas execuções tiveram que migrar, no todo ou em parte, para o trabalho remoto.

O mundo mudou e está mudando; para muitos setores a mudança pode ser radical.

Por exemplo, a maioria das empresas brasileiras irá adotar home office, provavelmente em tempo parcial, com aumento de produtividade e economia de recursos. Mas isso não é aplicável a tudo, a todas as atividades.

Uma sensação de que o 3º Milênio "começou" trazendo consigo o amadurecimento de comportamentos que já eram emergentes cujas utilizações foram disseminadas.

Trabalho Remoto, Educação Mediada por Computador, conveniência de moradia, (mais qualidade, menos custo em regiões mais distantes, mais aprazíveis) tempo de locomoção, barateamento do cotidiano, compras on-line para tudo, perto e longe de casa, diminuição de custos para as empresas, para as Escolas, muitas, rápidas e profundas mudanças.

As pessoas em geral, a humanidade, nunca está preparada para transformações. Grandes e aceleradas transformações geram um certo nível de caos e pode levar tempo até que emerja uma ordem; ela, a ordem, emergirá primeiro para as pessoas atentas, sobretudo para aquelas que tiveram, por algum motivo, que visitar o olho do caos – e este foi o caso de muitas empresas, muitas pessoas, durante esta pandemia que parece saldar o 3º Milênio.

Quanto ao futuro, este é imprevisível, porém, é evidente que quando ele chegar, encontrará pessoas melhores. Ninguém sai ileso do caos, mas se olharmos para ele com atenção, veremos que estamos sendo convocados a abandonar a inércia em que nos acomodamos; quem éramos não serve para resolver os problemas de agora.

Pois então, se para vencer mais esse obstáculo é preciso mudar, que sejam festejadas todas as mudanças.

Prof. Dr. Antonio Carlos de Azevedo Ritto.

Sumário

Os impactos político-econômicos são notáveis, mas podem ser resolvidos gradativamente adotando medidas econômicas e sociais coerentes com as características e traços culturais próprios de cada país (Cambi, 2020).

Repensar os modelos pedagógicos e o tradicional formato das salas de aula, onde o professor é o único detentor do conhecimento, é tão urgente quanto simplesmente investir na implementação das tecnologias digitais. É preciso, antes de tudo, preparar nossos professores para lidar com esta nova geração, que hoje já não precisa ir às bibliotecas ou carregar livros para ter acesso a novas informações.

A Educação está desafiada a utilizar estratégias educacionais que utilizem Redes Sociais para prover conteúdo e informações e, ao mesmo tempo, estimular a troca de conhecimentos além dos muros das escolas.

Vivemos um momento de inovação radical, de muitas e intensas transformações com base na tecnologia. Estas transformações estão no nível daquelas que decorreram da invenção da imprensa por Gutemberg. Imprimir para quem se poucos sabem ler? Por outro lado aprender a ler para ler o que se o acesso é restrito? Mas a partir da imprensa uma grande quantidade de pessoas, inimaginável para a época, passou a ler, se informar, se transformar e transformar suas percepções, alargar suas consciências a respeito do mundo; Gutemberg mudou a realidade das pessoas, provocou uma expansão na consciência; novos conhecimentos fazem isso.

Tecnologia e Subjetividade – Expansão da Consciência

A consciência tem sido estudada por cientistas e espiritualistas de diversas linhas de pensamento. Nas últimas décadas, mormente na década de 1990, a década do cérebro, houve um grande aprofundamento no conhecimento científico a respeito do cérebro, com destaque para os estudos da consciência. Destaquem-se, sobretudo, os estudos e resultados superlativos publicados pelos pesquisadores neurocientistas (Ritto, 2017).

A consciência é a percepção imediata do sujeito daquilo que se passa, dentro ou fora dele. A capacidade de reconhecer as coisas como fora de si implica o poder de observar a diferença entre si e o objeto do qual está consciente. Consciência é uma qualidade da mente que abrange subjetividade, autoconsciência, sabedoria, capacidade de perceber a relação entre si e o ambiente.

As leis e as formas de pensamento, a própria consciência, estão comprometidas com a ideia da produção no paradigma das fábricas. Na fábrica, as pessoas se conhecem, compartilham as mesmas regras de convivência e têm um sentido de pertencimento, à fábrica, ao produto e aos valores estruturantes de uma hierarquia forte e única (Ritto, 2017).

Mas agora estamos numa sociedade de serviço e o modelo é o do shopping center. As pessoas trabalham nas diferentes lojas, no mesmo espaço físico, mas sem pertencimento, sem percepção da totalidade, uma sociedade sem laços (Ritto, 2017).

Vivemos uma mudança paradigmática; tem sido assim ao longo do tempo. A ciência é um modelo bem sucedido de produção e disseminação de verdades universalmente aceitas, mas desde Tomas Kuhn tem consciência que trabalha sob paradigmas. Um paradigma é uma constelação de valores, um conjunto de princípios cognitivos, inconscientes e conscientes, pressupostos que permitem perceber e interpretar o mundo. A ciência tem lidado com mudanças profundas nas formas de ver, sentir e pensar a realidade. Em muitas dimensões estamos vivendo intensas mudanças paradigmáticas

As revoluções culturais do renascimento e no iluminismo, mudanças socioculturais e político-econômicas como a transição do século XIX ao XX, a Física de Aristóteles, a dinâmica Newtoniana, a teoria da relatividade de Einstein, a quântica de Bohr, a incerteza e indeterminação de Heisenberg, a incompletude de Gödel, a neurociência, a tecnologia da informação, as redes etc. Uma mudança de paradigma inaugura novas formas de olhar o mundo, novas formas de pensar, sentir e agir.

A metodologia de combate à pandemia de Covid-19 obrigou as pessoas a encontrar sentido dentro de si mesmo. Viver isolado evidentemente não faz parte da natureza humana, que necessita de afeto, aproximação e convívio para se manter em equilíbrio. Enquanto os espaços públicos ficaram vazios, as mentes ficaram sobrecarregadas, sobretudo de dúvidas a respeito do futuro, dúvidas oriundas de muitas ameaças e poucas oportunidades vislumbradas pelas pessoas.

A pandemia fez com que o indivíduo passasse a enxergar a grandiosidade de significados dentro de pequenas ações. O abraço tornou-se desejado, enquanto as redes sociais passaram a parecer entediantes; enchem a mente, passam o tempo, mas não preenchem verdadeiramente o vazio emocional.

Santuários foram fisicamente fechados, porém, milhares de outros se abriram, dentro de cada residência, em cada demonstração de empatia e dedicação e afeto.

Sonhos e objetivos tiveram que ser temporariamente suspensos para que se pudesse defender aquilo que há de mais precioso: a vida. O ser humano teve que aprender a conviver com seus próprios fantasmas, sem ter para onde fugir, teve que aprender a lidar com suas frustrações e temores, apreciando uma boa dose de sua própria companhia (Cambi, 2020).

Desenvolvimento Cognitivo e Estágios da Consciência

O desenvolvimento cognitivo é uma teoria que mapeia as potencialidades cognitivas humanas e os estágios de seu desenvolvimento. A psicologia cognitiva se apoia no método científico e reconhece a existência de estados mentais internos como desejo, motivação e crenças. Tentar entender os processos do nosso desenvolvimento cognitivo é essencial para determinar, não apenas como aprendemos, mas como nos adaptamos ao nosso ambiente.

A organização de estruturas cognitivas é vista como um processo de assimilação de características do mundo externo em estruturas existentes pelas quais as estruturas cognitivas se ajustam buscando um equilíbrio estável. Muita coisa mudou, está mudando, e as pessoas estão sobrecarregadas de novidades, sobretudo as indesejáveis.

Uma teoria do desenvolvimento da consciência incorpora uma compreensão do processo de conhecimento (raciocínio cognitivo), objetos conhecidos (mundo físico e relações sociais) e o conhecedor (self). Também cogita o conhecedor como um "raciocínio" e processador de informação (eu epistêmico), bem como conhecedor do locus da consciência humana e identidade (eu ontológico). Um estudo mais profundo inclui também não só os domínios de desenvolvimento cognitivo e afetivo (emocional), mas abordariam o domínio de desenvolvimento moral (Murphy, 2012).

O crescente poder das tecnologias, mormente redes, e mais intensas e plurais formas de comunicação, permitem que mais pessoas se envolvam com novos aplicativos e novos produtos de mídia.

Nossas crescentes habilidades na criação de aplicativos permitem a criação de ferramentas complexas para manipulação e geração de mídia. A capacidade de criar representações e ambientes mais envolventes com novas mídias expande ainda mais os tipos de experiências mediadas com as quais uma pessoa pode se envolver.

A internet, os videogames, a realidade virtual e os ambientes multimídias empregam várias estratégias de representações e sistemas simbólicos para criar um conjunto único de personagens, criaturas, ações, informações, eventos e lugares. A popularidade desses produtos determina a importância de examinar o ambiente mediado e explorar suas potencialidades.

Novas estruturas de produção e novos modelos de negócios se utilizam mais intensamente de inteligência cognitiva. Na medida em que as novas tecnologias se envolvem com inteligência cognitiva, as pessoas experimentam saltos de qualidade nas suas percepções e expandem suas consciências.

Mas continuamos necessitados de afeto e de humanidade.

Os instrumentos da tecnologia estão promovendo mudanças paradigmáticas intensas e em grande velocidade. Novas estruturas de produção e novos modelos de negócios se utilizam cada vez mais intensamente de inteligência cognitiva.

Cognição é um processo pelo qual o ser humano interage com os seus semelhantes e com o meio em que vive, sem perder a sua identidade existencial. Ela começa com a captação dos sentidos para em seguida ocorrer a percepção. É, portanto, um processo de conhecimento, que tem como material a informação do meio em que vivemos e o que já está registrado na nossa memória.

A humanidade nunca está preparada para uma grande transformação.

A vida como um todo sempre foi organizada de forma a seguir seu rumo com relativa constância e tranquilidade, sem grandes surpresas. Os acontecimentos que causam desconforto à sociedade geralmente têm causas determinadas, e seus responsáveis são rapidamente apontados, julgados e responsabilizados, com a finalidade de manter a paz e a ordem. Porém, o vírus que veio a assolar a humanidade em 2020 mostrou-se como um desastre sem culpados, mas com inúmeras vítimas, e escancarou antigos problemas sociais já arraigados (Cambi, 2020).

Fontes de Ordem – Hierarquia e Ordem Espontânea

Na Catedral tudo está pronto e organizado; ainda que não sejam entendidos os significados na sua integridade, tudo está no seu lugar, tem significado e está completamente integrado. Uma Catedral é construída a partir de especificações formais com desenvolvimento controlado hierarquicamente e por processo também formal.

No Bazar não há uma integração definitiva. As várias manifestações dentro do Bazar obedecem às suas próprias normas e tentam um acordo comum, permanentemente ameaçado. Bazar é não hierárquico, não controlado, pouca coordenação – é emergência numa rede colaborativa de contribuições intensas.

Na Catedral pode haver alienação; o Bazar é não hierárquico, um lugar de desalienação, de protagonismo.

Fontes de Ordem – Hierarquia e Ordem Espontânea

A criação de regras de comportamento é característica mais da cultura que da natureza. A ordem é frequentemente resultado de processo horizontal de negociação, argumentação e diálogo entre indivíduos. Mas nem a ordem natural, nem a ordem cultural, nem a espontânea são suficientes para produzir a totalidade de normas que constituem a ordem social conforme esquematizado na Figura 1.

Figura 1: Fontes de Ordem
(Adaptada de Ritto, 2004)

Tradicionalmente, elas precisam ser suplementadas pela autoridade hierárquica. O capital social torna-se mais importante à medida que a tecnologia avança, as organizações achatam suas estruturas de comando e controle e redes substituem hierarquias como instrumentos de estruturação de relações.

Uma ordem ampliada de cooperação humana se constitui na soma de todas as regras, normas, valores e comportamentos comuns que permitem aos indivíduos trabalhar em conjunto numa sociedade. As doses de espontaneidade, auto-organização e de hierarquia variam dependendo da natureza das relações.

Na dimensão da auto-organização desenvolvem-se as forças naturais no livre mercado, pretensamente de ordem espontânea, as negociações estruturadas. Um enxame de abelhas apresenta um comportamento complexo, mas ele não é comandado pela abelha rainha. É gerado por abelhas seguindo individualmente regras de comportamento relativamente simples – voar na direção do néctar, evitar obstáculos, ficar perto das outras abelhas etc. Está também nesta dimensão da auto-organização a Religião Tradicional, a Mitologia.

Na dimensão da hierarquia observam-se tanto manifestações do tipo não racional, transcendental, como no caso de Moisés e os Dez Mandamentos, como do tipo racional, caso do diretor de uma organização anunciando uma nova filosofia para tratamento de clientes ou a Constituição de um País. Assim, as normas que estabelecem a ordem são geradas tanto hierarquicamente, como espontaneamente.

Exemplos de normas socialmente construídas são fornecidos pelos economistas, que entendem que nos mercados as normas decorrem de negociação racional entre indivíduos e também pelos sociólogos que, ao contrário, entendem que as normas decorrem de ação dos mais fortes.

Empresas e governos precisam delegar poder a peritos e agentes de decisão que estão mais próximos das fontes locais de informação. Mas como coordenar as atividades de todos os participantes numa organização descentralizada?

É extremamente complexo o entendimento da consciência, da pessoa, da participação da pessoa no mundo, sua forma de superação no enfrentamento de problemas, na solução de dilemas éticos, que se apresentam de formas desafiadoras nestes momentos de pós-modernidade.

A busca humana por evolução em condições emergentes em ambientes com forte presença de tecnologia, cada vez mais invasiva, sustentada por redes de toda ordem, com destaque para as redes sociais carregadas de formas inéditas de comunicação interpessoal, requer aprofundamentos em visões, questionamentos em premissas, construção de hipóteses inovadoras, que promovam uma evolução na forma de ver, de tratar as pessoas e as relações entre as pessoas nos seus ambientes diversos (Ritto, 2017).

Há esperança de que as tecnologias da informação e da comunicação, de baixo custo e ubíquas, possam reduzir os custos de transação nas relações de mercado e, assim, reduzir o incentivo às hierarquias gerenciais; mas nem sempre isto acontece. A negociação sobre regras para a divisão de recursos comuns e decisão compartilhada requer, no mínimo, que os participantes falem a mesma língua.

A organização permanece hierárquica e burocrática, mas com menos quantidade de níveis entre topo e base e com maiores amplitudes de controle; as redes diminuem a carga nas hierarquias mais altas empurrando autoridade para baixo.

Quando os grupos espontâneos são grandes, regras básicas, monitoramentos de desvios, utilização de linguagem comum, cumprimento de direções estratégicas, processos educativos e projetos estruturantes precisam ser coordenados centralizadamente.

De alguma maneira ordem espontânea e formas hierárquicas de autoridade precisam se complementar e as redes como instrumento de coordenação necessitam de algum grau de hierarquia.

Mas tudo isso e todas as suas consequências padecem do intenso distanciamento social que vivemos e que cria constrangimentos que ainda precisarão ser melhores observados e estudados.

Inteligência Cognitiva

Inteligência Cognitiva é o conjunto dos processos mentais usados no pensamento, na classificação, reconhecimento e compreensão para o julgamento, através do raciocínio, para o aprendizado de determinados sistemas e soluções de problemas.

Cognição é a forma como o cérebro percebe, aprende, recorda e pensa sobre toda informação captada através dos sentidos. Mas a cognição é mais do que simplesmente a aquisição de conhecimento, é também um mecanismo de transformação do nosso modo de ser no mundo (Piaget, 1994, 2013).

Já não são apenas as pessoas que estão conectadas e participando de trocas nas redes. Os computadores, os carros, as roupas, as construções etc. estão conectados trocando informações, informando e sendo informados. Em pouco tempo, com a Internet das Coisas, quase tudo estará trocando informações com quase tudo.

E isso com informações armazenadas nas Nuvens, num processo de buscas facilitado por Big data e a disposição de todos através de instrumentos de Realidade Aumentada possibilitando acesso superlativo a informações relevantes com consequências intensas na expansão do conhecimento e da consciência das pessoas.

A aprendizagem colaborativa é um recurso na área de educação que consiste em estabelecer um procedimento onde estudantes em conjunto com o professor, estabeleçam buscas, compreensão e interpretação da informação de assuntos determinados.

A aprendizagem colaborativa surge da necessidade de inserir metodologias interativas na educação. Ensino com pesquisa, abordagem progressista, visão holística, são exemplos de inteligência coletiva. São trocas ativas de ideias - construção social.

A aprendizagem colaborativa coloca os membros de uma comunidade de um modo que eles possam contribuir com seus conhecimentos.

O processo de ensino aprendizagem não está somente envolvendo a ligação professor/estudante, mas sim todos aqueles que fazem parte do grupo de aprendizagem. Ou seja, os estudantes aprendem com os seus pares e contribuem para a aprendizagem deles.

Aprendizagem colaborativa é uma comunidade de aprendizagem na rede onde podemos ter a interação, a construção do conhecimento, a discussão e a reflexão. E também grupos de pessoas com um fim comum, que é a aprendizagem.

O que é comum às estruturas é que os alunos trabalham juntos para atingir um objetivo, trocam ideias ao invés de trabalharem sozinhos. Diferente de trabalhos em grupo convencional, em que não há garantias de que todos serão participativos, o ambiente colaborativo pode ser estruturado de tal forma que um estudante não possa se apropriar dos esforços de um colega.

A metodologia da aprendizagem colaborativa é mais voltada para dinâmica do grupo que em indivíduos isolados – considera que colaboração é um processo contínuo de interação que parte da socialização, mas trabalha com foco na produção de resultados planejados.

A aprendizagem colaborativa é uma educação em que os atores envolvidos no processo não estão trabalhando sozinhos ou isolados no processo de construção do conhecimento. Compartilham-se ideias em rede, de modo que aquilo que uma pessoa construiu possa estar aberto ao público para discussão e até mesmo edição. Passa-se, então, a um processo de construção coletiva, onde todos os envolvidos podem interagir e construir de maneira conjunta novos conhecimentos.

Ao falar de aprendizagem colaborativa é possível fazer algumas observações quanto a estruturas de funcionamento. Nesta proposta pedagógica, o professor não somente ensina, mas, principalmente, aprende. Ele deve estar pronto para lidar com estudantes cada vez mais conectados e informados e que, muito mais do que mestres, querem encontrar mentores capazes de facilitar o processo de aprendizado e aptos a direcioná-los para solução de problemas que irão enfrentar para construir uma sociedade melhor.

Na dimensão tecnológica, o projeto proporciona exercícios em todas as manifestações da informática, incluindo pesquisas na área das linguagens de programação, ambiente de desenvolvimento de softwares educacionais, formas de uso e de atuação nas redes, engenharia de interfaces, ergonomia na busca da melhor e mais adequada relação homem-máquina no uso das redes para transmissão de conhecimento.

O Ao longo do tempo, e na medida em que ficarem maduros os aspectos pedagógicos e tecnológicos, novas fronteiras de qualidade e quantidade poderão ser alargadas.

- na capacitação de técnicos do mundo do trabalho na indústria, no comércio e nos serviços, aspectos de cultura, de educação e de treinamento poderão alcançar as pessoas de forma confortável atingindo objetivos empresarias a preço mais baixo para as empresas e atendendo características e restrições das pessoas no que toca tempo e espaço.

- cursos de qualidade poderão ser produzidos para o ensino fundamental e ensino médio, levando excelência para regiões distantes geograficamente e para comunidades distantes economicamente, nas áreas carentes, em apoio ao ensino presencial numa complementação entre participação no espaço virtual e presencial. Jogos e brincadeiras bem urdidas e criadas com conotações didático-pedagógicas podem tornar o aprendizado e a escola um espaço lúdico além de despertar no aluno, desde os anos iniciais, importantes dimensões como iniciativa, aprender a aprender, automotivação e cooperação com apoio no espaço virtual e com assistência tanto do "professor virtual", como, e principalmente, do professor presencial que poderá usar as situações criadas no espaço virtual como fonte para aprofundamentos de discussões de assuntos de interesse local.

- uma miríade de outras possibilidades se abre a partir da formulação de uma adequada pedagogia do Espaço Digital de Comunicação e Colaboração. Muitas coisas poderão ser ensinadas tanto no campo formal como no campo informal, aí incluídos cursos curtos desde ensinar a fazer pequenos consertos e desenvolver algumas habilidades até cursos que tratem de comportamento, filosofia etc.

São reconhecidas as potencialidades educativas dos ambientes hipermídia. É notória a necessidade de desenvolver pesquisa em diversas áreas, com particular relevo para os problemas relacionados com navegação em sistemas hipermídia, entre os quais assume particular importância a questão da desorientação no hiperespaço. Vários aspectos precisam ser considerados na utilização de um hiperdocumento e vão desde a sua construção até o estabelecimento das estratégias de navegação a serem adotadas pelos estudantes.

O que se constata é que não existe uma pedagogia madura que considere a utilização dos recursos de informática na educação e menos ainda no que toca às redes e ao ensino on-line no Espaço Digital de Comunicação e Colaboração.

Há que se considerar que o estudante passará parte do tempo distante e buscando aprender tanto só, como com o grupo na estratégia preparada para colaboração. Todo um ambiente adequado deve ser cuidadosamente preparado para ele.

Os professores devem adquirir a noção de que aprendizes descobrem e constroem significados a partir dos ambientes e devem ser encorajados a repensar sua visão do que significa ensinar.

Neste contexto não cabe a visão, e o decorrente comportamento, do professor que apenas transmite conhecimentos. É mandatória a criação de situações onde os estudantes são instados a examinar pensamentos e aprender processos, tais como:

- Coletar, registrar e analisar dados;
- Refletir a respeito de entendimentos/significados existentes;
- Participar de jogos e desvendar enigmas que desequilibrem sua reflexão e obriguem à busca de novos caminhos - individualmente ou em grupo; e assim, construir seus próprios significados.

Os Professores feitos maestros da articulação dos instrumentos disponibilizados e dos objetivos educacionais que devem ser alcançados, devem promover a busca permanente de diálogo, acesso a conteúdos e desenvolvimento de atividades de aprendizagem com ênfase na autoaprendizagem e no desenvolvimento da criticidade dos estudantes; é relevante a permanente ação do professor no sentido de garantir a consonância dos conteúdos e atividades com os objetivos de aprendizagem, utilizar intensamente imagens para proporcionar melhor compreensão dos conceitos abordados, esclarecer, a todo momento, as ligações entre os itens do conteúdo, estimular os participantes com questões para reflexão ao longo do curso, especialmente para relacionar a teoria com a prática, proporcionar atividades de aprendizagem problematizadoras, que possibilitem a reflexão e reconstrução do conhecimento.

A evolução da Sociedade do Conhecimento nos leva a outra visita a Paulo Freire a respeito da importância da colaboração no aprendizado: "Ninguém ignora tudo. Todos nós sabemos alguma coisa. Todos nós ignoramos alguma coisa. Por isso aprendemos sempre".

Bases para o Projeto envolvente

As pedagogias de inspiração socioconstrutivistas partem do pressuposto de que aprendizagem e desenvolvimento são o resultado da interação social, de colaboração em determinado ambiente, com seus instrumentos de aprendizado e de colaboração e com o professor exercendo mediação.

A ênfase é na aprendizagem, na construção do sujeito, na experiência individual, nas interações diversas com fundamentos norteadores, tais como:

- Aprender resulta de interações recorrentes entre o indivíduo e o meio, onde ambos mudam sempre juntos;

- O aprender se dá na transformação estrutural que ocorre a partir da convivência social;

- Aprender é diferente de captar algo externo, já que é um processo interativo e depende do sujeito, de sua ação e atuação sobre o meio e vice-versa;

- Aprender não é informar-se, embora a aprendizagem não exista sem informação;

- Aprendizagem ocorre quando o sujeito sai da posição receptiva e passa a reconstruir a informação;

- Aprendizagem não está na instrumentação eletrônica, mas no ambiente humano, na ecologia cognitiva gerada a partir de informações e de suas relações com os instrumentos da cultura e com os aprendizes.

A Educação colaborativa se apoia numa infraestrutura tecnológica contendo recursos de rede e de multimídia, assim como uma equipe de profissionais capacitados na produção de software educacional em multimídia e voltado para colaboração.

Tem ficado por conta do estudante tanto o entendimento do contexto onde se insere cada conteúdo, como uma visão sistêmica do aprendizado. É necessário que o professor disponibilize um ambiente:

- Que uma visão holística na escola, com ênfase na integração e interdependência das matérias (assuntos), substitua a visão de ensino de matérias estanques, separadas;

- Que na relação ensino/aprendizagem se busque também passar o domínio do processo e não só dos conteúdos;

- Que o professor, dono e entregador único do conhecimento, ceda lugar ao professor como criador, estruturador, e gestor na procura de conhecimento e integrador / facilitador entre os instrumentos e os estudantes;

- Que prevaleça o estímulo à cooperação entre estudantes;
- Que os recursos de informática sejam usados como agente de transformação e não apenas como mais um recurso.

A colaboração precisa ser dirigida para objetivos claros que devem manter a participação dos estudantes. A cada momento, o professor deve ter em mente despertar a curiosidade dos participantes, disponibilizar as informações necessárias, deixar que o participante pense por ele mesmo e tire suas próprias conclusões, ajudar ao participante a encontrar um contexto para as coisas que aprendeu e a aplicar o conhecimento adquirido.

Durante o planejamento do curso e dos instrumentos de apoio o professor precisa prover espaço de assistência e conforto entre o estudante e as estratégias e práticas educacionais. Para tanto deve se preocupar em aumentar a ênfase no domínio afetivo do estudante, fazer com que a instrução seja pessoalmente relevante para o estudante, ajudar o estudante a desenvolver características, atitudes e comportamentos comprometidos com a autorregulação do processo de aprendizagem, balancear a tendência de controlar o progresso do aprendizado com a necessidade de promover autonomia pessoal, manter contexto de aprendizado que estimule a autonomia e a interdependência.

É conveniente que o participante seja envolvido pelo espaço de aprendizagem e para tanto o professor deve embutir as motivações e as razões do aprendizado na própria atividade de aprender. Estimular a autorregulação do aprendizado pela promoção de atividades que levem o estudante a assumir crescentes responsabilidades no processo de desenvolvimento e reestruturação do conhecimento, fortalecer tendências do estudante para engajamento em processos instrucionais de aprendizado, especialmente encorajando a exploração estratégica de erros.

No processo de concepção das atividades de aprendizado deve estar presente a proposta de desenvolvimento da pessoa. O foco é na pessoa, no seu desenvolvimento e na sua participação colaborativa. A pessoa é percebida como um ser original, único e indiviso, com gosto pela participação e com diferentes perfis cognitivos.

A Pandemia acelerou transformações no trabalho com destaque para a demanda por profissionais da área de tecnologia.

Mais tecnologia, mais desigualdade: como a pandemia mudará o mercado de trabalho?

Num primeiro momento, empresas fecharam e milhões de pessoas perderam seus empregos. Ao mesmo tempo, a necessidade de manter o distanciamento social acelerou mudanças que já vinham acontecendo, sobretudo tecnológicas.

Foi acelerado o uso de novas tecnologias na indústria, com destaque para inteligência artificial e digitalização nas diversas funcionalidades dos negócios.

O uso intenso dos aplicativos entrou na rotina de consumidores e de trabalhadores.

É verdade que essas transformações criam oportunidades para muitos profissionais e para os usuários, mas também eliminam alguns postos de trabalho. O comércio eletrônico foi intensificado com desdobramentos em muitas atividades dentro e fora das empresas.

Um dos efeitos mais marcantes da pandemia no mercado de trabalho e que ainda deve perdurar, ao menos no Brasil, é o agravamento da desigualdade.

A Pandemia também afetou o trabalho informal que já era um problema antes da pandemia, abrangendo parcela significativa de pessoas. Nesta forma de relacionamento contratante/contratado os trabalhadores padecem de baixa remuneração, têm dificuldades para acessar os direitos da legislação trabalhista e, boa parte dos casos, não tem proteção social.

A tecnologia estará na base de toda a transformação que assistiremos, mas é a educação, apoiada por tecnologia e com intensa colaboração que pode ser o instrumento de inserção das pessoas neste novo mundo; educação com aprendizado intenso, permanente, ligado à cultura e aos aspectos produtivos do trabalho.

Muita rede, muita interação, muita colaboração, tudo sustentado por processos envolventes das pessoas e sempre comprometidos com objetivos e resultados concretos.

Referências Bibliográficas

ALEXANDER, Igor. The world in my mind, my mind in the world: key mechanisms of consciousness in people, animal and machines. Exeter: ImprintAcademic, 2005.

ATLAN, Henri, "Entre o cristal e a fumaça – ensaio sobre a organização do ser vivo", Jorge Zahar Editora, Rio de Janeiro, 1992.

CAMBI, Eduardo (Org.) Pandemia da Covid-19: Reflexões sobre a sociedade e o planeta, ISBN:9786587486017. Divisão de Biblioteca / Ministério Público do Estado do Paraná. 2020.

Chardin, Teilhard de. The Future of Man. Harper &Row, New York, 1964.

DE GEUS, Arie, The Living Company, Harvard Business Press, USA, 1997.

FOGLIANO, Fernando; Externalização da inteligência e expansão da consciência; Anais da Anpap 2015, UNESP, disponível em http://anpap.org.br/anais/2015/comites/cpa/fernando_fogliano.pdf, extraído em fevereiro de 2017.

FRANK, Manfred. Self-Consciousness and Self-Knowledge: On some difficulties with the reduction of subjectivity. In: Constellations, Volume 9, Number 3, p. 390-408. Cambridge, 2002.

HAGERTY, Lawrence. The Spirit of the Internet, Volume I: Speculations on the Evolution of Global Consciousness, Matrix Masters, Inc., Tampa, Florida, 2000.

MANOVICH, Lev. Software takes control. Disponível na Internet em http://softwarestudies.com/ softbook/ manovich_softbook_11_20_2008.pdf, acesso realizado em 30/11/2009.

MARTINS DA SILVA; Ricardo Capitanio. Análise da Arquitetura Baars-Franklin de Consciência Artificial Aplicada a uma Criatura Virtual. Dissertação de Mestrado apresentada à Faculdade de Engenharia Elétrica e de Computação da Universidade de Campinas - UNICAP - como parte dos requisitos para obtenção do título de Mestre em Engenharia Elétrica. Área de concentração: Automação. Campinas, São Paulo, Julho de 2009.

MURPHY, Stephen. Media Technologies, Cognition And Consciousness-Expansion. 2012. Extraído de http://assembleit.net/wp-content/uploads/2016/09/Media-Technologies-Cognition-and-Consciousness-Expansion.pdf, em Abril de 2017.

NONAKA, Ikujiro, TAKEUCHI, Hirotaka, The knowledge-creating company: how japanese companies create the dynamics of innovation, Oxford University Press, New York, 1995

ONG, Walter. Orality and Literacy: the Technologizing of the World. London: MethuenPublishing, 1982.

PESSIS-PASTENAK, Guitta (Entrevistadora), Do Caos à Inteligência Artificial, Editora Unesp, São Paulo, 1992.

PIAGET, J. Seis Estudos de Psicologia. Editora Forense. Rio de Janeiro. 1994.

PIAGET, J. Psicologia e Pedagogia. Editora Forense. Rio de Janeiro. 2013.

RITTO, Antonio Carlos de Azevedo. Organizações caórdicas – modelagem de organizações inovadoras. Editora Ciência Moderna, Rio de Janeiro, 2004.

RITTO, Antonio Carlos de Azevedo, Organizações em Rede - ordem e caos na estruturação do trabalho. Monografia apresentada como exigência curricular para obtenção do Diploma do Curso de Altos Estudos de Política e Estratégia, Edição ESG, Rio de Janeiro, 2004a.

RITTO, Antonio Carlos de Azevedo. Consciência, Ciência e Espiritualidade, Capítulo do Livro Estudos da Consciência - A Consciência segundo diferentes Linhas de Pensamento, Editora Ciência Moderna, Rio de Janeiro, 2017.

STEWART. Ian; COHEN, Jack. Figments of reality: the evolution of the curious mind. Cambridge University Press, New York, 1997.

VIEIRA, Jorge de A. Semiótica, Sistema e Sinais. Tese de doutoramento apresentada no Programa de Comunicação e Semiótica de PUCSP, 1994.

VIERA, Jorge de A. Teoria do Conhecimento e Arte: Formas de Conhecimento – Arte e Ciência - uma visão a partir da Complexidade. Fortaleza: Expressão Gráfica e Editora, 2006.

Capítulo 2

A Instituição e Profissionais no Uso da Tecnologia em Tempos de Pandemia

Prof. Dra. Marinilza Bruno de Carvalho e Pedro Rocha Pinto

Resumo:

O projeto em tela trata-se de um Estudo de Caso nas áreas de Tecnologia, Saúde, Educação, Esporte e Turismo que busca identificar a visão percebida por diversos segmentos da sociedade e por diversos agentes, tais como gestores nas áreas de estudo, bem como profissionais que atuam na linha de frente de cada uma destas áreas, sobre aspectos relacionados às transformações sociais e seus impactos em diferentes instituições. Neste ambiente, completamente diverso no mundo, onde se faz cada vez mais presente o uso intenso da Tecnologia, criou-se uma atmosfera inovadora e disruptiva. Neste sentido, surgem questões como: quais as reações de profissionais que não têm mais horário de trabalho? Como lidar com as cobranças de entregas de produtos? Quais os limites trabalho/família/sociedade/saúde física e mental? A proposta se utiliza de uma metodologia de avaliação A3, que explora um questionário com opiniões, que proverá informações passíveis de serem inseridas em estudos, análises, melhorias de projetos e ações. Os participantes serão contactados via e-mail a partir de contatos pessoais dos pesquisadores e será utilizada a metodologia de bola de neve para os próximos contatos. A análise dos dados será realizada com o SPSS.

Palavras – Chave:

- Avaliação Institucional;
- Transdisciplinaridade;
- Transformação;
- Gerência de Mudança, Cultura e Novos Paradigmas.

1. Introdução

A Avaliação Institucional e o Processo de Transformação identificam questões levantadas na instituição, tais como: por que avaliar, para que e, principalmente, quem avalia, além da avaliação interna e a visão de certificação da avaliação externa. No Processo de Transformação, ressaltamos os fatores relevantes do processo avaliativo para a mudança institucional, sugerindo alguns fatores críticos, que deverão ser "preocupações" para quem deseja construir um processo de Avaliação Institucional.

Como conclusão, podemos inferir que, a despeito das complexidades do ambiente, os defensores da abordagem diferenciada da Avaliação Institucional como processo de transformação terão um grande e válido desafio ao implantar um modelo inovador de avaliação. A avaliação de desempenho vem ocupando as atividades dos diretores e gerentes de RH na maioria das organizações. Seguindo as manifestações globais indicadores de mudança e planejamento estratégico. A questão do desempenho profissional alçou o ponto de relevância emergindo no cenário mundial e organizacional, como fator de sobrevivência e crescimento sustentável como elemento propulsor de crescimento e inovação.

Em primeira instância de sobrevivência, o ativo patrimonial das empresas, que antes consideravam ser portfólio de produtos e serviços, hoje está nitidamente marcado pelo corpo técnico e gerencial de seus profissionais. Este novo atino patrimonial da empresa com características tão originais precisa estar preparado para inovar iniciativas e diversidades, com flexibilidade e muita visão de futuro para prospectar novos mercados, produtos e serviços.

Uma das ferramentas estratégicas de que dispõem os gestores de RH de gestões de pessoas de organização é a avaliação do desempenho com o monitoramento constante do corpo profissional através de indicadores que apontem as melhorias que podem ou devem ser implantadas para diversas e dimensão inatingível representa o elemento propulsor de crescimento, inovação e sustentabilidade de organização. Com este novo contexto, o desempenho profissional alcança o patamar estratégico da organização, exigindo da gestão de RH, renomeada para gestão de pessoas, uma performance diferenciada, transformadora e extrema atuante de modo a manter o corpo profissional.

- **Objetivos**

Objetivo Geral: O objetivo deste projeto é identificar o cenário atual de empresas, como sobreviver ao cenário atual, ou conviver com ele e principalmente, que contribuição poderemos dar ou que aprendizado poderemos replicar para o novo cenário que desponta.

Objetivos específicos: identificar metodologia que contribua para identificar os cenários atuais das empresas; definir um instrumento de pesquisa para realizar uma pesquisa; aplicar o questionário a diferentes perfis profissionais; analisar os resultados.

2. Revisão Teórica

A Avaliação segundo uma abordagem de transformação e aprimoramento visa contribuir para a construção de novos processos avaliativos que permitam a identificação de propostas de avaliação, suas ações, resultados, alternativas de intervenções e melhorias, retornando aos avaliados com possibilidades reais de mudanças e crescimento. Com a visão de adequabilidade à realidade de cada instituição e a partir das várias funções da avaliação apresentadas por Afonso (2000), dos pressupostos de Dias Sobrinho (2002) e das diretrizes de Penna Firme (1994) buscamos construir um ambiente de Avaliação como processo contínuo de transformação.

- **Avaliação e suas Dimensões**

O século 20 sobressaiu bem no desenvolvimento de tecnologias e produtos que mudaram radicalmente o modo de vida no Brasil e no mundo em geral. As informações geradas chegaram a níveis impossíveis de serem absorvidas na sua totalidade, exigindo processos de tratamento e armazenamento, de modo a serem compreendidas e analisadas especificadamente e em partes.

Os valores tradicionais também foram se transformando, alguns se perdendo e outros sendo adquiridos. O fator mais relevante, ainda dos anos de "1900", foi a rapidez do processo. A velocidade de desenvolvimento da ciência e da tecnologia foi muito maior do que a velocidade que o homem necessitava para absorver e incorporar. O século 21 traz uma grande missão: A retomada dos valores humanos. O tempo para pensar, estudar, avaliar e aprimorar. Urge o estudo profundo e criterioso de processos e métodos de como usar de modo efetivo as invenções e inovações do Mundo Novo, instalando uma nova cultura na direção da melhoria da qualidade de vida de toda a sociedade.

Neste contexto, e com esta visão, a avaliação se manifesta como prerrogativa básica e fator crítico de sucesso. A avaliação é o processo de monitoramento, aprimoramento e validaçao desta estratégia. A gestão de um sistema, qualquer que seja, passa indiscutivelmente pelos processos de identificação, medida, comparação, julgamento, diagnóstico e intervenção com o objetivo claro de se desenvolver e aprimorar. A avaliação pode ser o indexador do crescimento social e o agente de transformação da sociedade, minimizando as diferenças e a injustiça social através de um eficiente e efetivo sistema. Antiga e onipresente na sociedade em função de suas demandas, a avaliação alcança níveis de importância cada vez maiores na medida em que seus resultados permitem a identificação e o mapeamento dos segmentos da realidade. Os programas de qualidade difundidos no mundo inteiro fizeram emergir estudos profundos na criação de processos de avaliação, tanto no âmbito institucional, quanto nos processos técnicos e desempenho profissional. As organizações, por meio das avaliações realizadas, identificaram a importância da educação continuada de seus funcionários. O início dos anos 90 trouxe para as Organizações a preocupação de aperfeiçoamento, capacitação e treinamento contínuos de seu corpo profissional, ampliando o canal de comunicação destas organizações com a academia. Nas instituições de ensino teve início um processo de investigação sobre o universo de alunos egressos, cujos indicadores informavam não estarem devidamente preparados para a vida e o trabalho.

Segundo Castro (1998 – pag. 304):

> *"É cada vez mais evidente que a preparação de cidadãos competentes para atuarem de forma crítica e responsável na construção de uma sociedade mais justa, democrática e desenvolvida exige um perfil de qualificação em que o desenvolvimento das inteligências cognitivas, emocional e afetiva será decisivo na formação de crianças e jovens para a sua plena inserção social e no mundo do trabalho."*

Com esta manifestação, podemos inferir que os paradigmas da avaliação para os próximos anos devem mudar, de modo a responder a algumas questões do tipo: qual o profissional que as organizações precisam e desejam?

Castro (1998 – pag. 304) responde que:

> *"...... é preciso desenvolver sua capacidade de resolver problemas, selecionar e processar informações com autonomia e raciocínio crítico. É preciso dar-lhe condições de utilizar os conhecimentos para que tenham novas oportunidades num mundo cada vez mais complexo e competitivo."*

- **Objetivos da Avaliação**

Com base na visão de Dias Sobrinho (2003) sobre a visibilidade e legitimidade institucional e na de Penna Firme (1994), que imprime à avaliação a responsabilidade de intervir e aprimorar. Podemos considerar que a avaliação objetiva capta todas as dimensões da instituição e suas consequências para a sociedade, gerando intervenções de aprimoramento e melhorias. A transparência e legitimidade da gestão organizacional como um todo é outro objetivo do processo de avaliação.

- Tipos de Medidas e de Avaliação.

Avaliação utiliza vários tipos de medida a saber: categórica, ordinal, intervalar e de escala de razão. As avaliações quantitativa e qualitativa são diferentes, mas não excludentes e sim, complementares.

A avaliação se dá nos formatos de:

- Avaliação do profissional – no sentido de conhecer o desempenho profissional na busca de estratégias melhores e sempre mais adequadas a cada realidade do processo de produção.

- Avaliação de aprendizagem – visão diagnóstica voltada para o aluno, no sentido de mapear o processo de aprendizagem e seus resultados.

- Avaliação de programas ou projeto - finita (início, meio e fim), gera indicadores, utiliza a lógica dos custos e benefícios. Qual a maneira mais eficiente em termos de custo de se fazer determinada ação, e quais os meios alternativos para se chegar a este objetivo e seus custos?

- Avaliação institucional – visa a compreensão da realidade e do processo decisório no julgamento da missão e objetivos da instituição terem sido atingidos ou não. É flexível, cabe à avaliação qualitativa. Na forma interna, tem o caráter de aprimoramento, na forma externa, com pares de outras instituições, tem o caráter de certificação.

A avaliação institucional como processo de transformação imprime uma nova visão de "saber" em lugar de "poder", postura antiga dos processos de avaliação. Sob este novo paradigma, a abordagem apresentada, por exemplo, para as instituições de ensino, recebe o respaldo e a legitimação através do documento básico de avaliação das Universidades Brasileiras do MEC, que define a Avaliação Institucional com a missão de "fazer saber", reeditando-a como um processo contínuo de aperfeiçoamento do desempenho acadêmico, uma ferramenta para o planejamento e gestão universitária e um processo sistemático de prestação de contas à sociedade.

A Avaliação Institucional de órgãos governamentais certamente deverá seguir a mesma diretriz de prestação de contas à sociedade e indicar os fatores críticos de cada instituição, além de sugerir as intervenções de aperfeiçoamentos e melhorias. Neste exemplo, podemos considerar que nas instituições de economia mista e/ou particular, haverá necessidade de legitimar seus resultados junto aos seus investidores, utilizando-se dos processos avaliativos. Contudo, vale observar, que uma cultura não se modifica por decreto, portanto, ainda que respaldadas por metodologias, princípios e normas, urge um grande esforço de sensibilização e disseminação da nova visão e abordagem da Avaliação Institucional.

A abordagem inovadora de transformação no processo avaliativo busca estabelecer um novo intercâmbio entre a ação de realizar uma atividade e a ação de estudar os seus efeitos, com vistas às vantagens e impactos gerados, indicadores e seus possíveis aprimoramentos.

Não se consegue aprimorar o que não se pode avaliar. Os elementos e fatores críticos para a construção da Avaliação e seus indicadores devem contribuir para o sucesso de um programa de avaliação. Assim, concluímos que um processo de Avaliação deve ter o conhecimento, aceite e participação de todos os envolvidos, a identificação da cultura instalada e o momento da avaliação, bem como planejamento, estrutura, justificativa, acompanhamento e consenso de equipe.

3. Metodologia

O estudo das possibilidades de inserir a avaliação como ação permanente no desenvolvimento dos projetos institucionais e pessoais, alcançando o aprender contínuo intelectual e social, é dever de toda a sociedade.

3.1 Metodologia A3 de Construção de Indicadores em Síntese

O presente trabalho visa desenvolver um projeto de avaliação, no Ambiente e Sujeitos definidos segundo a proposta do Projeto.

- **Princípios Metodológicos:**

1. Ser uma proposta metodológica de Orientação e Apoio ao Processo Avaliativo.
2. Apresentar Avaliação na Dimensão de Aprimoramento e Transformação.

- **Plano de Trabalho:**

Pressupostos:
Por que avaliar: (que problemas foram percebidos).
Para que avaliar: (que benefícios já podem ser visualizados e/ou pretendidos).

Fase 1: Identificação dos objetivos.
1. Definição dos objetivos de avaliação.
2. Definição do Objeto de Estudo.
3. Definição da abordagem na avaliação do programa.

Fase 2: Identificação do público, ambiente e momento da aplicação dos questionários;
4. Identificação do nível de consciência e participação dos envolvidos.
5. Circunstâncias de realização.
6. Identificação dos Sujeitos da Pesquisa.

Fase 3: Estudo das questões operacionais:
7. Tradução operacional dos impactos observados.
8. Pré-difusão do processo.
9. Dimensões da Pesquisa, Categorias de Análise e Construção dos Indicadores.

Fase 4: Propostas e recomendações de mudanças:
- **Dimensão:** Quais as áreas do Universo em estudo avaliativo?
- **Categorias de Análise:** Em que categorias de análise ou subáreas deseja dividir cada dimensão do Universo em estudo?
- **Indicadores**: Para estas categorias quais os indicadores relevantes? (podem ser numéricos, faixas de valores, elementos ligados ao tema, etc.)

Aspectos Avaliados: Para cada indicador, quais os Aspectos considerados vitais e seus limites, Critérios ou Níveis de Desempenho?

3.2 Desenvolvimento segundo a Metodologia Proposta

O objeto de estudo é o Profissional, Gestor e técnico que são funcionários de empresas.

> O tipo da abordagem para o processo de investigação será via e-mail enviado para a rede de conhecimento dos pesquisadores e será pedido para que eles repassem para pessoas conhecidas, que são gestores e técnicos envolvidos em projetos inovadores, numa estratégia de Bola de Neve (VINUTO,2014). A amostra mínima esperada é de 250 participantes.
>
> Os dados obtidos serão estudados a partir de tabelas e gráficos criados no software SPSS.

O processo de levantamento de dados é composto por várias etapas:

- Elaboração do Projeto de Pesquisa e Avaliação.
- Refinamento das categorias de análise.
- Construção dos indicadores
- Aplicação do Questionário
- Relatório de Avaliação dos resultados.

3.3 Riscos e Benefícios:

A pesquisa apresenta riscos mínimos para os participantes, com possibilidade de constrangimento em responder alguma das questões. No entanto, o benefício viria pela disseminação das informações de modo a apoiar a difusão de iniciativas inovadoras na sociedade.

O TCLE (Apêndice 1) e os questionários (Apêndice 2) serão disponibilizados via Web. A partir do perfil escolhido na primeira fase do questionário, o instrumento adequado é disponibilizado ao participante.

CRONOGRAMA DE PESQUISA

ATIVIDADE	2022			
	jul-ago	set	out	nov-dez
Envio do projeto para o Comitê de Ética	X			
Aplicação do questionário		X	X	
Tabulação e análises dos dados			X	
Apresentação dos resultados				X

ORÇAMENTO DE PESQUISA

ITEM	VALOR R$
Papel de impressão	100
Tinta de impressora	100
TOTAL	**200,00**

Referências Bibliográficas

AFONSO, A.J. Avaliação Educacional: regulação e emancipação. São Paulo: Cortez, 2000. Capítulo I.

______________________ Políticas Educativas e Avaliação Educacional – para uma análise sociológica da reforma educativa em Portugal (1985-1995). Lisboa: Editora da Universidade do Minho, s/d.

AGUILAR, M. J.,Ander, E. Avaliação de Serviços e Programas Sociais. Petrópolis. Vozes. 1994.

BONAMINO, A. C. Tempos de Avaliação Educacional. pp 13-20. RJ: Quartet, 2002.

CASTRO, C. M. Quem tem medo da avaliação? Revista Veja, 10/07/2002 – Edição 1759.

CHRISTOPHE, M. e CARVALHO, M. B. Avaliação Educacional – Funções. Disciplina de Avaliação Educacional I do Programa de Doutorado da UFRJ, RJ. 2002.

CONTERA, C. In: DIAS SOBRINHO, J.; RISTOFF Dilvo I (Org.) Avaliação Democrática: para uma universidade cidadã. Florian: Insular, 2002. p.119-144.

DIAS SOBRINHO, J. Avaliação. São Paulo. Ed.Cortez.2003.

MEC. Documento Básico Avaliação das Universidades Brasileiras. Uma Proposta Nacional. Comissão Nacional de Avaliação; Brasília. 1993

FONTANIVE, N. S. Avaliação em larga escala e padrões curriculares: as escalas de proficiência em matemática e leitura no Brasil. In Avaliação e Determinação de Padrões na Educação Latino-Americana. s/r.

FRANCO, C. Avaliação, Ciclos e Promoção na Educação. pp. 15-28. Porto Alegre: Artmed Editora, 2001.

CASTRO, M.H. G. Avaliação do Sistema Educacional Brasileiro. Tendências Perspectivas. Ensaio: Avaliação e Políticas Públicas em Educação. RJ, V6. n20. Jul/set. 1998.

LUDKE, M. e D. André. Pesquisa em Educação: Abordagens Qualitativas. SP; EPU. 86

OHAYON, P.UFRJ,2003. Material Didático. Disciplina de Avaliação de Programas em Educação, Ciência e Tecnologia.

PENNA FIRME, T. Avaliação: Tendências e Tendenciosidades. Ensaio: Avaliação e Políticas Públicas em educação. RJ, V1. n2. p; 5-12 Jan/mar.94.

PENNA FIRME, T. e LETICHEVSKY, A.C. O Desenvolvimento da Capacidade de Avaliação no sáculo XXI. Enfrentando o Desafio da Meta-Avaliação. Ensaio: Avaliação e Políticas Públicas em Educação. RJ, V10. n 36. pap; 289 – 300 Jul/set. 2002.

RAPHAEL, H. S. Avaliação: questão técnica ou política? In Estudos em Avaliação Educacional, nº 12, Julho/Dezembro, pp 33-43. S. Paulo: FCC, 1995.

SAUL, A. M. Avaliação Emancipatória. Desafio à Teoria e à Prática de Avaliação de Reformulação de Currículo. SP. Cortez. 95.

SCHWARTZMAN, S. O Contexto Institucional e Político da Avaliação do Ensino Superior in S. Schwartzman e Eunice R. Durham, Avaliação do Ensino Superior. São Paulo: Editora da Universidade de São Paulo, 1992, pp. 13-27.

VIANNA, H. M. Introdução à Avaliação Educacional. pp. 17-40. S. P: IBRASA, 1989. *The Joint Committee on Standards for Educational Evaluation (1994) -The Program Evaluation Standards, 2nd ed. Thousand Oaks: Sage publications.

(trad. Por Thereza Penna Firme e Jorge Ferreira da Silva).

VINUTO, J. A amostragem em bola de neve na pesquisa qualitativa: um debate em aberto. Temáticas, Campinas, v. 22, n. 44, p. 203-220, 2014.

Apêndice 1
TERMO DE CONSENTIMENTO LIVRE E ESCLARECIDO - TCLE

Você está sendo convidado(a) a participar, como voluntário(a), **do projeto de Pesquisa** intitulado **"A Instituição e Profissionais no uso da Tecnologia em Tempos de Pandemia"**, conduzido pela Professora **Marinilza Bruno de Carvalho**. Este estudo tem por objetivo Identificar o cenário atual em que estamos vivendo, como sobreviver a ele ou conviver com ele e principalmente que contribuição poderemos dar ou que aprendizado poderemos tirar para o Novo Mundo que surgirá. Temos um ambiente completamente diverso no Mundo Inteiro e o uso intenso e obrigatório da Tecnologia, criou-se uma atmosfera inovadora, desruptiva e por vezes muito dificil. Neste sentido surgem questões como : quais as reações de profissionais que não tem mais horário de trabalho? Grande ou pequeno? Não bastam as entregas, pois logo surgem outras a serem desenvolvidas. Quais os limites trabalho / família / sociedade / saúde física e mental.

Você foi selecionado(a) por trabalhar e/ou utilizar a tecnologia. Sua participação não é obrigatória. A qualquer momento, você poderá desistir de participar e retirar seu consentimento. Sua recusa, desistência ou retirada de consentimento não acarretará prejuízo. Os riscos deste estudo são exata e unicamente o seu tempo dedicado a responder as questões de forma voluntária. Pois as respostas são exclusivamente suas experiências e opiniões vividas neste ambiente atual nas áreas de **Tecnologia, Educação, Saúde, Turismo e Esporte com as técnicas do Ambiente Virtual.**

Sua participação na pesquisa não é remunerada nem implicará em gastos para os participantes. Sua participação nesta pesquisa consistirá em responder as questões no link abaixo. As questões foram elaboradas através da Metodologia A3, utilizada pela UERJ em seus projetos de avaliação no IME-UERJ, por nossa equipe. Os dados obtidos por meio desta pesquisa serão confidenciais e não serão divulgados em nível individual, visando assegurar o sigilo de sua participação. O pesquisador responsável se compromete a tornar públicos nos meios acadêmicos e científicos os resultados obtidos de forma consolidada sem qualquer identificação de indivíduos participantes.

Caso você concorde em participar desta pesquisa, dê o seu **DE ACORDO** ao final deste documento, que pode ser impresso ou arquivado por você, e clique no link para responder as questões da pesquisa.

Seguem os telefones e o endereço institucional do pesquisador responsável e do Comitê de Ética em Pesquisa – CEP, onde você poderá tirar suas dúvidas sobre o projeto e sua participação nele, agora ou a qualquer momento. Contatos do pesquisador responsável: Profa. Marinilza Bruno de Carvalho; mbruno@ime.uerj.br; 23340017.

Caso você tenha dificuldade em entrar em contato com o pesquisador responsável, comunique o fato à Comissão de Ética em Pesquisa da UERJ: Rua São Francisco Xavier, 524, sala 3018, bloco E, 3º andar, - Maracanã - Rio de Janeiro, RJ, e-mail: etica@uerj.br - Telefone: (021) 2334-2180. O CEP COEP é responsável por garantir a proteção dos participantes de pesquisa e funciona às segundas, quartas e sextas-feiras, de 10h às 12h e 14h às 16h.

Declaro que entendi os objetivos, riscos e benefícios de minha participação na pesquisa, e que concordo em participar.

DE ACORDO (   ) Nome : ____________________

Rio de Janeiro, ____ de ____________________ de _____.

Apêndice 2
Composição do Instrumento de pesquisa
Etapa comum a todos os Perfis:
Identificação dos cenários e Perfis empresariais e dos participantes da pesquisa.

Localização: cidade/estado: ____________

- **Faixa etária:**
  Entre 20 e 40anos ( )
  41 a 59 ( )
  Com mais de 60 ( ).

Instituição de trabalho

- Empresa de grande porte– mais de 100 funcionários
  ( ) parte presencial=parte remota
  ( ) totalmente presencial
  ( ) totalmente remota

- Empresa de médio porte– de 31 até 100 funcionários
  ( ) parte presencial=parte remota
  ( ) totalmente presencial
  ( ) totalmente remota

- Empresa pequena até 30 funcionários:
  ( ) parte presencial=parte remota
  ( ) totalmente presencial
  ( ) totalmente remota

- Perfil profissional:
  ( ) Técnico, aluno, funcionário
  ( ) Gestor, professor, gerente

Dimensão 1

PARA A FUNÇÃO DE GESTOR, PROFESSOR, GERENTE

CATEGORIAS QUE SERÃO CONTEMPLADAS:

1. Acompanhamento do funcionário;
2. Monitoramento e avaliação de resultados;
3. Relatórios Periódicos de Desempenho e melhorias.

Categoria 1: Acompanhamento do funcionário pelo gestor

Indicador 1: Condições técnicas de trabalho.

Aspecto 1: Horário de trabalho remoto.

Qual a carga horária de trabalho remoto, considerando os contratos de 8 horas?
4. Cerca de 10% cumprem a carga horaria de 8 horas, contratuais.
3. Entre 11% e 50% cumprem a carga horaria de até 10 horas.
2. Entre 51% e 80% cumprem a carga horaria de 12 horas de trabalho.
1. Cerca de 20% cumprem a carga horaria maior que 12 horas de trabalho.

Aspecto 2: Tempo de Acompanhamento e interação das atividades do funcionário pelo gestor.

Qual a carga horária de Interação do Funcionário com o gestor?
4. Cerca de 80% do tempo os funcionários interagem com o gestor.
3. Cerca de 50% do tempo os funcionários interagem com o gestor.
2. Cerca de 30% do tempo os funcionários interagem com o gestor
1. Cerca de 10% do tempo os funcionários interagem com o gestor.

Indicador 2: Capacitação.
Aspecto 1: Carga horaria de Trabalho e capacitação com trabalho remoto.

Como se dá a capacitação do funcionário em relação a sua carga horária contratual?
4. A Capacitação está incluída totalmente na carga horária contratual.
3. A capacitação exige um acréscimo de 10%na carga horaria contratual.
2. A capacitação exige um acréscimo de 30%na carga horaria contratual.
1. A capacitação quando ocorre, é totalmente fora da carga horaria contratual.

Indicador 3: Ambiente de trabalho.
Aspecto 1: Ambiente social/mental do funcionário, percebido pelo gestor.

Como o Gestor define no Trabalho, o Ambiente social e mental do funcionário?
4. O Ambiente social e mental é percebido como excelente, amigável e sem atrasos de entregas.
3. O Ambiente social e mental é percebido como bom e sem atrasos de entregas.
2. O Ambiente social e mental é percebido como difícil e com atrasos de entregas.
1. O Ambiente social e mental não tem problema.

Categoria 2: Monitoramento e Avaliação de resultados
Indicador 1: Monitoramento e gestão
Aspecto 1: Nível de Monitoramento.

Qual o nível de monitoramento?
4. Reuniões semanais com apresentação dos trabalhos em desenvolvimento.

3. Reuniões quinzenais com apresentação dos trabalhos em desenvolvimento.
2. Reuniões mensais com apresentação dos trabalhos em desenvolvimento.
1. Entrega de Relatório final do trabalho.

Aspecto 2: Participação do Gestor no desenvolvimento do trabalho

Qual o Retorno do Gestor no desenvolvimento do trabalho?
4. Retorno e considerações durante as reuniões.
3. Retorno e considerações após as reuniões por contato direto com o funcionário.
2. Retorno e considerações após as reuniões por mensagens.
1. Não precisamos de Retorno e considerações.

Categoria 3: Relatórios Periódicos de Desempenho e melhorias
Indicador 1: Resultados e Melhorias
Aspecto 1: Relatórios Periódicos de Desempenho

Como se realizam os relatórios Periódicos de Desempenho?
4. Reuniões e apresentação de resultados, considerações e aprimoramentos.
3. Reunião de Apresentação dos resultados
2. Envio de relatório com os resultados.
1. Inserção no sistema da Empresa dos resultados.

Aspecto 2: Propostas de Melhorias recebidas pelo Gestor

Como se realizam as propostas de melhorias?
4. Reuniões de apresentação de novas propostas de melhorias.
3. Processo de envio de propostas de melhorias para análise.
2. Envio de propostas de melhorias por mensagem.
1. Sugestões são recebidas a qualquer tempo.

Dimensão 2
PARA A FUNÇÃO DE PROFISSIONAL TÉCNICO
CATEGORIAS QUE SERÃO CONTEMPLADAS:

1. Facilidades para trabalhar em casa;
2. Gerência de atendimento ao funcionário e gestão de compatibilidade: prazo/custo;
3. Satisfação profissional e pessoal.

Categoria 1. Facilidades para trabalhar em casa
Indicador 1: Condições técnicas de trabalho.
Aspecto 1: equipamentos disponibilizados pela empresa

Quais os equipamentos disponibilizados pela empresa, para o trabalho remoto?
4. Computador e plano de rede internet.
3. Computador
2. Plano de rede internet
1. Nenhum deles.

Aspecto2: equipamentos disponibilizados pelo funcionário

Quais os equipamentos disponibilizados pelo funcionário, para o trabalho remoto?
4. Computador e plano de rede internet.
3. Computador ou melhoria do computador
2. Plano de rede internet ou Ampliação do plano de rede.
1. Nenhum deles.

Indicador 2: Condições Gerais de trabalho.
Aspecto 1: Questão familiar -benefícios.

Quais as condições para o trabalho remoto?
4. Junto da família mais tempo.
3. Flexibilidade na gestão de tempo.
2. Flexibilidade na gestão das atividades
1. Sem problemas de transporte.

Aspecto 2: Questão familiar – Dificuldades.

Quais as condições para o trabalho remoto?
4. Sem horário definido de trabalho.
3. Maior quantidade de tempo de trabalho.
2. Dificuldade na gestão do tempo.
1. Sem definição de limites.

Categoria 2. Gerência de atendimento ao funcionário na gestão de compatibilidade: carga horaria/contrato/prazo
Indicador 1: Carga Horária
Aspecto 1: Carga horária de trabalho Contratual

Qual a carga horária de trabalho remoto, considerando os contratos de 8 horas?
4. Seu trabalho diário cumpre a carga horária de 8 horas, contratuais.
3. Seu trabalho diário cumpre a carga horária de até 10 horas.
2. Seu trabalho diário cumpre a carga horária de 12 horas de trabalho.
1. Seu trabalho diário cumpre a carga horária maior que 12 horas de trabalho.

Aspecto 2: Alteração de contrato, compatibilidade com a Carga horária, identificada pela Empresa.

Houve alteração de contrato em compatibilidade com a Carga horária, para maior/menor?
4. O contrato foi atualizado com base na atual carga horária. Trabalha mais e ganha mais.
3. Não houve alteração contratual em compatibilidade com a carga horária. Trabalha um pouco mais e ganha o mesmo.
2. A carga horária não é identificada pela empresa. Trabalha mais e ganha o mesmo.
1. A carga horária não é compatível com o contrato. Trabalha-se muito mais e ganha o mesmo.

Indicador 2: Capacitação:
Aspecto 1: Carga horária de Trabalho e capacitação com trabalho remoto.

Como se dá a capacitação em relação a sua carga horária contratual?
4. A Capacitação está incluída totalmente na carga horária contratual.
3. A capacitação, além do trabalho, exige um acréscimo de 10%na carga horária contratual.
2. A capacitação, além do trabalho, exige um acréscimo de 30% na carga horária contratual.
1. A capacitação, além do trabalho, sempre é totalmente fora da carga horária contratual.

Indicador 3: Ambiente:
Aspecto 1: Ambiente social/mental do funcionário, percebido pelo gestor.

Como Você define no seu Trabalho, o Ambiente social e mental?
4. O Ambiente social e mental é desafiador, mas excelente, amigável e sem atrasos de entregas.
3. O Ambiente social e mental é tenso, muito cobrado, mas sem atrasos de entregas.
2. O Ambiente social e mental é muito tenso, muito cobrado e com atrasos de entregas
1. O Ambiente social e mental está enlouquecedor, tenso, muito cobrado e sempre com atrasos de entregas

Indicador 4: Monitoramento e gestão
Aspecto 1: Nível de Monitoramento.

Qual o nível de monitoramento?
4. Reuniões mensais com apresentação dos trabalhos em desenvolvimento.
3. Reuniões quinzenais com apresentação dos trabalhos em desenvolvimento.
2. Reuniões semanais com apresentação dos trabalhos em desenvolvimento.
1. Reuniões diárias com apresentação dos trabalhos em desenvolvimento.

Aspecto 2: Modelo de Participação do Gestor no desenvolvimento do trabalho

Qual o modelo de Retorno do seu Gestor no desenvolvimento do trabalho?
4. Retorno e considerações durante as reuniões.
3. Retorno e considerações após as reuniões por contato direto com o funcionário.
2. Retorno e considerações após as reuniões por mensagens.
1. Não recebemos Retorno e/ou considerações.

Aspecto 3: Periodicidade da Participação do Gestor no desenvolvimento do trabalho

Qual a Periodicidade do seu Gestor no desenvolvimento do trabalho?
4. Retorno e considerações mensalmente.
3. Retorno e considerações quinzenalmente.
2. Retorno e considerações diariamente.
1. Retorno e considerações diariamente e a qualquer tempo.

Aspecto 4: Inclusão ou mudança de rumo nos projetos pelo Gestor no desenvolvimento do trabalho.

Qual o nível de Inclusão ou mudança de rumo nos projetos pelo seu Gestor no desenvolvimento do trabalho?
4. O nível de Inclusão ou mudança de rumo nos projetos pelo seu Gestor é normal e aceitável.
3. O nível de Inclusão ou mudança de rumo nos projetos pelo seu Gestor é grande, mas absorvível.
2. O nível de Inclusão ou mudança de rumo nos projetos pelo seu Gestor é muito grande e tenso.
1. O nível de Inclusão ou mudança de rumo nos projetos pelo seu Gestor é enorme e enlouquecedor.

Aspecto 5: Relatórios Periódicos de Desempenho

Como se realizam os relatórios Periódicos de Desempenho?
4. Reuniões e apresentação de resultados, considerações e aprimoramentos.
3. Reunião de Apresentação dos resultados.
2. Envio de relatório com os resultados.
1. Inserção no sistema da Empresa dos resultados.

Aspecto 6: Qual a periodicidade dos Relatórios de Desempenho

Qual a periodicidade dos relatórios Periódicos de Desempenho?
4. Mensalmente.
3. Quinzenalmente.
2. Semanalmente.
1. A qualquer tempo e a todo tempo.

Aspecto 7: Propostas de Melhorias recebidas pelo Gestor

Como se realizam as propostas de melhorias levadas ao Gestor?
4. Reuniões de apresentação de novas propostas de melhorias.
3. Processo de envio de propostas de melhorias para análise.
2. Envio de propostas de melhorias por mensagem.
1. Sugestões são recebidas a qualquer tempo.

Categoria 3: Satisfação profissional e pessoal com o trabalho remoto
Indicador 1: Satisfação profissional
Aspecto 1: Qual o nível de satisfação técnica com o trabalho remoto?

Qual o nível de satisfação técnica com o trabalho remoto?
4. Muito melhor trabalhar em casa.
3. Sem problemas.
2. Minha máquina não é tão boa e por vezes tem problema na rede.
1. Não é bom.

Indicador 2: Satisfação pessoal
Aspecto 1: Qual o nível de satisfação pessoal com o trabalho remoto?

Qual o nível de satisfação pessoal com o trabalho remoto?
4. Muito melhor trabalhar em casa.
3. Sem problemas.
2. Minha máquina não é tão boa e por vezes tem problema na rede.
1. Não é bom.

Considerações
O trabalho remoto, em momentos de necessidades e como solução futura.

O tempo de pandemia no mundo todo, como acontece em todas as crises mundiais e locais, trouxe desafios que, infelizmente muitos sucumbiram, mas muitos outros também aprenderam a ser e fazer diferente. Claro está, que a maior ferramenta não ligada ao quesito de saúde foi a tecnologia, no entanto mais tarde, pode se comprovar, ser também o gerador de problemas de saúde. O uso da tecnologia com o trabalho remoto, sempre trouxe benefícios e durante a pandemia, foi praticamente a solução, com a continuidade da maior parte das atividades, bem como a comunicação social.

Com o tempo da pandemia se estendendo foi possível observar algumas distorções não percebidas em outras épocas do uso de tecnologia remota.

As questões estudadas e analisadas, neste Projeto de Pesquisa e com bolsa de Iniciação Científica foram baseadas em 3 situações : uma de trabalho empresarial, uma de trabalho acadêmico e outra em trabalho social e familiar.

Também estes casos foram alimentados pelos índices publicados em artigos de grande circulação.

Case 1: No trabalho.
A empresa colocou seus funcionários em trabalho remoto com equipamentos da própria empresa. No entanto não houve participação no custo do plano da internet. Também a carga horária não foi determinada, o que resultou em trabalho remoto 24/07.

Case 2: Na Educação.
A sala de aula virtual, apesar de algumas universidades terem distribuído chip com plano de internet, muitos alunos não tinham câmera, além do fato de que (não poderia ser exigido ao aluno abrir câmera). Assim sendo os professores passaram 4 semestres (2 anos e meio) apresentando a temática da disciplina e todo conteúdo diante de uma tela de computador com apenas 40 a 70 imagens com as respectivas letras iniciais dos nomes dos alunos, apenas alguns com suas fotos. Até o caso mais original de um aluno sem som, somente pelo chat.

Case 3: Na Sociedade e em Família.
Esta situação já se desenha como consequência. O Instituto de psicologia da UERJ com o Projeto de Psicologia Presente 2020, atendeu um número expressivo de alunos e pessoas da Sociedade com problemas advindos da Pandemia e da Tecnologia. Quem nasceu primeiro, é claro que foi a pandemia, mas o uso exacerbado da Tecnologia tornou a situação, em muitos casos, muito pior.

Posto está uma nova questão: como equilibrar este novo cenário?
As reuniões virtuais continuarão certamente.
Mas em que medida?

Esta questão é apenas o início de um novo modelo, onde todos iremos promover as adequações e aprender com os erros e acertos no uso da Tecnologia remota.

O projeto de Pesquisa foi desenvolvido em meio a pandemia e com o escopo de apurar informações que possam vir a trazer Luz em futuro próximo para melhor uso e aprimoramento da Tecnologia no Trabalho Remoto.

Na evolução e desenvolvimento do projeto, também foi percebido o aprendizado na equipe, tanto no questionário e suas dimensões como na leitura dos resultados.

A expectativa de um pensar melhores modelos foi atendida na proporção que os participantes fizeram suas próprias avaliações e considerações.

Narrativa da Participação do aluno Pedro Rocha Pinto no projeto de pesquisa como Iniciação Científica(IC).

Antes do projeto, minha visão sobre avaliação era a mais comum possível, onde recebíamos uma prova ou algo do tipo e ganhávamos uma nota de acordo com o conhecimento que tínhamos sobre o conteúdo naquele momento. Durante o projeto, fui apresentado à Metodologia A3, que ampliou para mim o significado de avaliar e como a avaliação está presente em praticamente tudo no nosso cotidiano, desde escolher uma roupa para sair até cozinhar. Quando essa percepção fica clara, a ideia de avaliar se forma e, internamente, se começa um processo de análise, separando todo o processo em categorias, determinando os cenários possíveis e estipulando se são positivos ou não.

Após entender como realizar uma avaliação, você começa a se autoavaliar. Isso muda sua perspectiva de espaço e de tempo, pois você começa a levar mais a sério o uso eficiente do seu tempo e seus outros recursos. Por exemplo, o que é mais importante para o seu deslocamento? Chegar mais rápido pagando mais ou chegar um pouco mais tarde pagando menos? Existe a possibilidade de sair mais cedo para chegar a tempo pagando menos? O que pode ser feito para que sair mais cedo seja possível? Ou descansar mais tempo é mais desejável, em troca de sair mais tarde e pagar mais? A avaliação me mostrou que existem diversas possibilidades para cada momento na vida, e que antecipando-as você pode se planejar e, com isso, se organizar para resolver os problemas que ainda nem apareceram.

Como passamos por um evento que nunca tínhamos passado nesta época, não estávamos preparados para agir, mas precisamos nos adaptar à nova realidade imposta. No início, tudo estava muito incerto e não havia planos de contingência ou de mitigação que pudéssemos nos basear imediatamente, então tivemos toda a experiência inicial da pandemia e seus efeitos. Vários setores de diferentes áreas foram afetados de formas diferentes. Além de organizações e projetos, todas as pessoas foram afetadas, mudando suas vidas e suas rotinas completamente. Sendo assim, avaliar como cada um deles foi atingido e de que forma eles superaram se tornou necessário.

O trabalho fluiu bem, estabelecemos metas possíveis de serem alcançadas em uma semana e conseguimos cumpri-las ao longo do projeto. Nas minhas outras atividades eu acabei não conseguindo dar tanto a atenção necessária, pois havia muita interrupção externa e a tensão pela privação social era alta, causando um esgotamento nervoso rápido da minha parte. Isso fez com que eu me prejudicasse nos meus estudos, atrasando minha conclusão de curso, mas a importância que eu vi no projeto me fez não desistir dele e conseguimos dar continuidade sem muitos problemas.

Apesar de todo o estresse social da pandemia, eu fiz o possível para impedir que ele influenciasse minha performance no projeto. O projeto em si não apresentou dificuldades técnicas que não pudessem ser resolvidas dentro do tempo estabelecido, algumas delas surgiram de fatores externos e não havia muito que pudéssemos fazer no momento. Mesmo com essas adversidades, posso dizer que eu fiquei mais satisfeito do que tenso com o avanço do projeto, pois a sensação de ter algo planejado se concretizando e sabendo que você contribuiu para esse progresso é muito boa.

A maior diferença nessa nova realidade foi a mudança das atividades presenciais para o meio remoto. Durante o projeto, pude perceber como existem vários aspectos que podemos avaliar sobre um determinado ponto e como eles estão interligados. Ao avaliarmos como foi essa mudança de um meio para outro de acordo com as pessoas, podemos determinar se houve pontos positivos ou negativos e quais foram as diferenças mais comuns entre as pessoas. Ao final do projeto, meu entendimento sobre o que é avaliação e como ela pode ser aplicada foi ampliado e observar a aplicação dela nesse tema tão relevante hoje em dia me deixou muito grato em ter sido convidado a participar dele. Com esse projeto, espero que seja possível estabelecer planos para que futuros cenários parecidos não sejam tão abruptos para as pessoas e que tenhamos meios para nos adaptarmos melhor em situações muito adversas.

Capítulo 3

A Gestão de Atividades Acadêmicas não Presenciais no Contexto da Pandemia de Covid-19

Nelson Mendes Cordeiro – nelson.cordeiro@cefet-rj.br
Doutorando em Meio Ambiente – PPGMA-UERJ
Cefet-RJ

Laura Pires Stallone Cabeda – cabeda.laura@gmail.com
Doutoranda em Meio Ambiente – PPGMA-UERJ
Graduanda em Engenharia de Produção - Cefet-RJ

Úrsula Maruyama - ursula.maruyama@cefet-rj.br
Doutora em Ciência da Informação (PPGCI) do IBICT/UFRJ
Cefet-RJ, DDR/Setec/MEC

Ronaldo Bernardo Júnior – ronaldo.junior@cefet-rj.br
Doutor em Administração de Organizações (USP)
Cefet-RJ

RESUMO: Este trabalho tem como objetivo mostrar alguns desafios enfrentados pelos discentes e docentes na modalidade de atividades acadêmicas não presenciais. Descreve a importância da gestão através do planejamento e a adequação dos objetivos da aprendizagem junto ao seu público-alvo; bem como alguns parâmetros de suma importância e que devem ser observados na sua construção e mediação da proposta pedagógica do ambiente escolar. O estudo baseou-se em fontes bibliográficas através de livros, artigos da internet e relatos de experiências dos autores que procurou mostrar os grandes desafios e dilemas da escola e famílias buscando contribuir positivamente para a educação brasileira. A educação mesmo que desenvolvida remotamente, diante do cenário de crises que a pandemia de COVID-19 trouxe ao cenário educativo, deve ser levada a sério por todos os atores do processo de ensino-aprendizagem. É preciso não repetir os erros da educação presencial ou simplesmente não dar sentido problematizador e autônomo por parte de seu público-alvo a partir dos recursos disponíveis no ambiente remoto de aprendizagem.

Palavras–chave: Gestão escolar – Proposta pedagógica – Currículo – Ensino remoto

ABSTRACT: This work aims to show some challenges faced by students and teachers in the modality of non-face-to-face academic activities. Describes the importance of management through planning and the adequacy of learning objectives with its target audience; as well as some parameters of paramount importance and that must be observed in their construction and mediation of the pedagogical proposal of the school environment. The study was based on bibliographic sources through books and articles from the Internet that showed us the great challenges and dilemmas of the school seeking to contribute positively to Brazilian education even remotely; but it must be taken seriously by all actors in the teaching-learning process, so as not to repeat the errors of face-to-face education or simply not to make a problematizing sense from the resources available in the remote learning environment.

Keywords: School management - Pedagogical proposal - Curriculum - Remote education

Introdução

Se existe alguém na linha
Se tem alguém no ar
Por favor, responda agora
Não me faça esperar
Há uma certa urgência
Alô, informação
Aqui sou eu sozinho
Do outro lado, não sei não

Instalei uma antena
E mandei um sinal
Nada no radar
Procuro no dial
Aviso aos navegantes
Tem mais alguém aí?
Só ouço o som da minha própria voz
A repetir

S.O.S Solidão.
(Aviso aos Navegantes/SOS solidão – Lulu Santos)

A Educação por meio das Tecnologias da Informação e Comunicação (TICs) configura-se como sendo uma modalidade de ensino relativamente recente, mas em vertiginosa ascensão. A questão da distância física, vencida, em parte, a partir da inserção das TICs, foi ampliada e reacendeu debates de questões que já eram comuns em salas de aula presenciais; tais como: motivação do aluno para o estudo, a relação entre ensino e aprendizagem e avaliação da aprendizagem.

As TICs estão no campo de interesse da sociedade como forma de potencializar relações concretas entre o ensino e aprendizagem, bem como contribuir para uma nova forma de conceber a gestão do espaço escolar como uma organização aprendente, uma vez que promove o trabalho colaborativo, a ação-reflexão e a inovação em seus processos.

Entretanto, a pandemia da COVID-19 iniciou-se no final do ano de 2019 e paralisou, em específico para esse estudo, o Brasil em meados do mês março de 2021. O sistema de ensino atual brasileiro nunca havia enfrentado tal interrupção, havendo incertezas na forma de agir e ausência de um planejamento que respondesse repentinas mudanças no seu cotidiano educacional. Visto esta surpresa repentina a qual trouxe o distanciamento social, as instituições de ensino precisaram se adaptar desenvolvendo aulas remotas e atendendo as expectativas dos alunos e das suas respectivas famílias. Parece ser simples como adaptar o ofício em sala de aula, mas a chegada de um sistema de atividades acadêmicas não presenciais atingiu muitos docentes de diversos segmentos e, claro, seus discentes.

Este trabalho visa discutir os caminhos em busca de uma proposta que justifique a importância de uma estrutura necessária de gestão das atividades acadêmicas não presenciais; pois a educação não pode parar.

1. A importância da gestão pedagógica das atividades acadêmicas não presenciais

O cenário atual exige uma nova forma de agir e de pensar para lidar com a rapidez das informações e o dinamismo dos conhecimentos. O contexto imposto em nível planetário da pandemia de COVID-19 está sendo capaz de nos mostrar uma nova relação entre o tempo, espaço, diversidade de reflexões e de situações que exigem um posicionamento crítico do indivíduo para refazer as suas escolhas. Apresentar uma proposta emergencial de educação frente ao ambiente pandêmico de COVID-19 passou a ser o grande desafio de educadores e famílias.

Uma proposta pedagógica escolar deve possibilitar uma nova perspectiva no desenvolvimento humano por meio da observação dos fenômenos naturais, humanos e sociais, da interpretação da realidade e acima de tudo da curiosidade para a busca da compreensão desses fatos na realidade de vida dos sujeitos tanto na relação de quem ensina e aprende. O aluno precisa encontrar funcionalidade e sentido naquilo que está sendo abordado em sala de aula tanto presencial quanto nos ambientes remotos de aprendizagem.

A proposta pedagógica de um curso deve considerar as competências e as habilidades necessárias para lidar com as características da realidade atual dos seus atores sociais. Como "as competências são construídas somente no confronto com verdadeiros obstáculos, em um processo de projeto ou resolução de problemas" (PERRENOUD, 1999, p.69), este modelo deve ser considerado pelos gestores quando planejarem as suas metodologias para serem aplicadas nas atividades acadêmicas não presenciais.

Um outro compromisso que uma proposta pedagógica deve assumir é possibilitar a autonomia do aluno na busca de novas problematizações e soluções, em ações criativas e colaborativas, por si mesmo, e não como forma de imposição; pois afinal, como sugere Paulo Freire em suas obras: ninguém educa ninguém, mas todos se educam em comunhão (FREIRE, 1974; 1985; 1996).

A aprendizagem é um processo de construção do aluno-autor de sua aprendizagem – mas ainda contaremos com a participação efetiva dos professores na criação de ambientes que estimulem a participação, a interação, a comunicação e a discussão de ideias fomentadas pelos alunos, também com sua autoria. Redefine-se, portanto, o papel do professor na atualidade, segundo PERRENOUD (2000): "mais do que ensinar, trata-se de fazer aprender (...) concentrando-se na criação, na gestão, na regulação das situações de aprendizagem" (PERRENOUD, 2000, pág.139). Dessa forma, sua função está voltada para a mediação dos conhecimentos propiciando a aprendizagem significativa, em seu modelo mais essencial e real.

Nesse contexto pandêmico de COVID-19, os profissionais envolvidos no processo de promoção das atividades acadêmicas não presenciais devem redobrar atenção, interesses e esforços em alguns aspectos muito importantes, como: o cuidado com a linguagem utilizada seja ela humana ou tecnológica e também aprender a trabalhar com a dinâmica do comportamento humano dos aprendentes, que apresentarão uma série de atributos individualizados e problematizados, que se ampliam e ecoam no ambiente coletivo de suas relações com a aprendizagem e o ambiente escolar como um todo.

Pesquisas atuais demonstram que um dos grandes problemas nos ambientes de aprendizagens não presenciais é a falta de interesse e interação por parte dos discentes, que vem gerando desmotivação com o atendimento das suas expectativas tanto quanto ao seu desempenho, desenvolvimento e principalmente quanto à atmosfera escolar, que deixou uma série de relações humanas fora do convívio presencial e assumiu no espaço virtual e remoto outros contornos, gerando frustrações e abandono dos estudos e colocando em risco a sociedade do conhecimento real e objetivo.

A gestão das atividades acadêmicas não presenciais com vistas a garantir o acesso, permanência e êxito, precisa analisar criteriosamente a sua proposta pedagógica como forma de ofertar uma atratividade em seus programas de curso, diversificar as metodologias e recursos instrucionais utilizados, humanizando os processos avaliativos tornando-os mais diversificados (provas em equipe, testes online, trabalhos com projetos, grupos de discussão, observação e relato de práticas vivenciais, dentre outros) acrescidos de recursos tecnológicos acessíveis para os estudos, tais como: ferramentas digitais de fácil acesso e utilização, ambientes virtuais lúdicos e sistemas de multimídia.

Essa circulação intensa de saberes não deixa de afetar o espaço formal da educação e nos posiciona sobre uma outra problemática: o aumento de informações sem uma gestão pedagógica adequada poderá, mesmo com a presença de diversas TICs, não produzir uma massa de novos conhecimentos na mesma intensidade. Essa realidade torna-se com maior frequência no que diz respeito ao ensino tradicional presencial que, em alguns casos, enaltece a própria memorização, reprodução dos conteúdos e fragmentação dos saberes (LÉVY,1999, p.35) o que se deve evitar nos ambientes das atividades acadêmicas não presenciais, visto que o fascínio e abundância de informação está à disposição com mais intensidade e propósito.

O planejamento de atividades acadêmicas não presenciais não deve apenas valorizar o design dos materiais didáticos, hiperlinks e instrumentos tecnológicos usados para transmitir um conteúdo, mas sim priorizar os conteúdos a serem pesquisados, validados, apropriados, trabalhados, avaliados e acima de tudo com significado na realidade de quem ensina e aprende. Assim; o conjunto de atividades acadêmicas não presenciais em uma proposta emergencial para um contexto de pandemia de COVID-19 deve ser balanceado e interessante para que seja motivador, norteador das ações individuais, sem causar muita pressão ou sobrecarregar os estudantes com o excesso de informação que já se encontra distribuído em diversos repositórios e *hiperlinks*. É preciso definir "prioridades" (distinguir o que é principal do que é secundário), o que é ditado "[...] pelas condições da situação existencial concreta em que vive o homem." (SAVIANI, 2004, p. 39).

É de fundamental necessidade que num processo de ensino – aprendizagem, mediadas ou não por tecnologias, se estabeleçam estratégias e mecanismos pelos quais se possam assegurar o acesso, a permanência e o êxito de todos num ambiente escolar em que ninguém pode ficar para trás.

2. Entre a mediação pedagógica e a autonomia do aluno

Assim como na educação presencial, a gestão das atividades acadêmicas não presenciais deve, também, buscar na etapa do planejamento as estratégias necessárias para potencializar a motivação, a interação e autonomia do aluno diante do processo ensino-aprendizagem.

A questão da mediação pedagógica representa uma atitude, um comportamento do docente na condição de responsável em organizar e dirigir situações de aprendizagem, destacando o diálogo, a troca de experiências, o debate e a proposição de situações-problemas com suas características. (PERRENOUD, MASSETO, 2000).

Para o discente em contato com a modalidade das atividades acadêmicas não presenciais, supõe-se que tudo é novo e, por conseguinte, estranho às suas experiências de vida e de estudante, mesmo considerando o seu grau de inserção tecnológica na sociedade; pois trata-se de uma cultura "emergencial" de se ver nesse ambiente customizado da escola frente a desenvolver sua proposta educacional em pleno contexto do distanciamento social.

O discente em contato com as atividades acadêmicas não presenciais precisa despertar e mobilizar, além dos recursos de mediação pedagógica ofertada pelos docentes, algumas atitudes, tais como: instituir uma agenda pessoal, ter iniciativa e exercitar a autoavaliação em sua trajetória rumo à aprendizagem (WISSMAND, 2006). "Piaget já descrevia como etapa do desenvolvimento humano em sua última fase, chamada de operatório-formal, a aquisição da autonomia, da capacidade de autogovernar-se, da responsabilidade, iniciativa, cooperação alcançadas a partir dos doze anos de idade." (DIAS, LEITE, 2010, p. 69).

Basicamente, em todos os processos em que temos presentes as tecnologias, um certo grau prévio de autonomia será exigido do indivíduo, pois este deve demonstrar prontidão para saber resolver questões complexas, divergir entre o que seja principal e acessório, conviver com o excesso de informação, gerir o seu próprio tempo e produtividade. (LINARD, 2000)

Vale esclarecer que autonomia não é exclusividade e exercício individual do discente. A mesma precisa ser vista como um processo que irá depender também dos diferentes profissionais responsáveis por planejar, produzir, ofertar e dar suporte às atividades acadêmicas não presenciais, de maneira que os níveis de complexidade em relação ao conteúdo disponibilizado ao discente sejam mediados a partir de uma adequada metodologia de ensino-aprendizagem e infraestrutura, associados aos materiais didáticos, e a uma gama de recursos das TIC - Tecnologias da Informação e Comunicação que também precisam estar adequadamente à disposição. Todas essas estratégias precisam além de expressar os objetivos do ensino, possibilitar a autonomia dos discentes em seus diversos estágios de desenvolvimento cognitivo e humano.

Para que a mediação pedagógica ocorra, torna-se imperiosa a ação de todos os agentes envolvidos, seja no ambiente escolar ou junto às famílias. Assim; entram a organização desse "novo" espaço utilizado enquanto sala de aula em contexto da pandemia de COVID-19, os materiais de apoio necessários às aulas, os recursos audiovisuais, os estudos de casos, as discussões em grupos, o uso da Internet e de programas educacionais para computadores, dentre inúmeras outras opções que motivem o aluno a curiosidade e as potencialidades de criação e construção do próprio saber, deixando para trás todas as práticas mecanicistas e passivas no processo de ensino aprendizagem.

No planejamento das atividades acadêmicas não presenciais devem estar explícitas as possibilidades para que a mediação pedagógica possa ocorrer de modo significativo e eficaz; pois dela resulta a motivação do discente em continuar aprendendo mesmo distante fisicamente do espaço escolar, mas a partir dos estímulos presentes nas intervenções pedagógicas em relação a um conteúdo problematizador, delimitando assim até onde ocorre a mediação pedagógica do docente e a partir de onde a autonomia se estabelece e se desenvolve rumo à aprendizagem significativa.

3. Dilemas, dificuldades e desafios em ambiente de aprendizagem remoto durante a pandemia de COVID-19: breve relato

> Uma pneumonia de causas desconhecidas detectada em Wuhan, China, foi reportada pela primeira vez pelo escritório da Organização Mundial de Saúde (OMS) em 31 de dezembro de 2019. O surto foi declarado como Emergência de Saúde Pública de Importância Internacional em 30 de janeiro de 2020. A OMS declarou, em 11 de março de 2020, que a disseminação comunitária da COVID-19 em todos os Continentes a caracteriza como pandemia. Para contê-la, a OMS recomenda três ações básicas: isolamento e tratamento dos casos identificados, testes massivos e distanciamento social. No dia 17 de março de 2020, por meio da Portaria nº 343, o Ministério da Educação (MEC) se manifestou sobre a substituição das aulas presenciais por aulas em meios digitais, enquanto durar a situação de pandemia da COVID-19. (BRASIL. CNE, 2020, p.01)

Inicialmente, muitas instituições adotaram aulas gravadas, dando flexibilidade aos professores e alunos. Afinal, com tantas mudanças nas vidas de toda a população, essa liberdade em assistir a aula no seu horário disponível trouxe um pouco de tranquilidade. Outras utilizaram de aulas ao vivo, fornecendo o contato imediato entre aluno-professor. Mas as dificuldades por de trás desta entrega de conteúdo não é tão calma assim. Os docentes precisaram mudar toda a sua forma de "dar aula". Caneta, quadro branco e diário de classe não eram mais ferramentas obrigatórias e, às vezes nem acessíveis. E é nesse momento que o docente e discente ganham uma aliada (visto por muitos como vilã):a tecnologia.

Computadores, celulares, tablets e, a fundamental internet, foram peças chaves e muitos procuradas no ano de 2020. O professor que não sabia ligar um computador precisou desenvolver suas habilidades em tempo recorde e gravar seus vídeos de conteúdocom precisão, qualidade e cobrança de sala de aula. Diante da situação pandêmica, esta exigência surgiu de forma árdua e necessária. As cobranças eram recorrentes, a mudança assustadora, e todos precisaram se adaptar.

Na questão financeira, sabe-se que muitas instituições de ensino não fornecem recursos aos seus docentes e discentes, os quais se viram em situação de crise e precisaram comprar os equipamentos ou até mesmo compartilhar os que já possuíam com os demais membros da família para atender a demanda ora posta de forma urgente.

Com o estabelecimento da pandemia, ou seja, a certeza de que a nova realidade estava instalada, não só no Brasil, mas no mundo, muitas instituições de ensino adotaram as plataformas digitais, uma ferramenta que exigia mais ainda do corpo docente e estudantil. A fim de organizar e até gerar competição entre escolas e universidades, as plataformas digitais exigiam mais pontualidade, padronização de provas e, claro, a disponibilidade de 24 horasdo professor. Além do trabalho home office que já requisitava o tempo integral do professor que antes trabalhava presencialmente durante meio período, com a chegada dasplataformas e agendas eletrônicas o docente ficou completamente exposto. Com os aplicativos de celulares dos respectivos e-mails e salas *online*, a procura pelo professor se tornou tão fácil quanto incômoda; e junto com essa busca sempre vem a cobrança disfarçada de trabalho.

Os professores se tornaram mais reféns do sistema de ensino, muitos sem suporte de equipamentos ou emocional, assim como os discentes também sentiram essa exigência. Ao mesmo tempo que a tecnologia exigia de ambos os lados, o fardo da pandemia atravessava os caminhos de toda a população. Famílias que perderam seus parentes, a crise econômica que se impunha, o desemprego gerado e, unindo todos essespercalços dentro da mesma casa, tanto do professor que está se dedicando a lecionar quanto ao aluno que procura aprender. Problemas familiares demandaram ajuda psicológica, onde a escola estando intimamente ligada com as famílias se viram em posição de espectador, vendo seus alunos reféns dessa crise sem precedentes.

As avaliações a distância se tornaram diferentes do sistema presencial, sendo mais flexíveis e compreensivas. O conteúdo seguiu sua exigência e complexidade, mas a cobrança foi diferente. Se existe uma relação de compreensão mútua, essa ocorre entre docente e discente, acredite.

No final de 2020 e início de 2021, muitas instituições de ensino, em sua maioria a rede privada, retornaram ao ensino semipresencial, denominado ensino híbrido, novamente implorando muita dedicação e autonomia dos docentes, dessa vez, em sala de aula. O mesmo docente lecionava para duas turmas: a presencial e a *online,* pois havia dispositivo legal que permitia *às famílias a decisão de seu filho estar presencialmente*/virtualmente ou não. O aprendizado para os professores, mais uma vez, chegou rápido e árduo. A necessidade de atender todos os alunos igualmente se traduz num desafio.

O conteúdo,exercícios e atividades eram realizados em sala de aula com câmera e microfone captandoas imagens e som. Além disso, as aulas poderiam ser gravadas e disponibilizadas, mais uma vez pensando na flexibilidade dos discentes.

O ensino se tornou compreensivo diante de todos os problemas, se é que se pode nomear assim. Uns chamam de aprendizado, outros de necessidade, quando na verdade situações adversas mostram a realidade. As IE e seu corpo docente enfrentaram a dificuldade; seus alunos passaram por ela. Nessa pandemia, muitos podem achar que a educaçãofoi falha, mas ela foi real. Ela lutou, agonizou, mas não morreu, segue presente e diferente,apenas.

4. O Planejamento de Ensino e Aprendizagem em atividades acadêmicas não presenciais

O Planejamento de Ensino e Aprendizagem pode ser compreendido como um roteiro a ser seguido na condução das ações planejadas para o decorrer do processo educativo ou até mesmo para indicar os possíveis desvios ou problemas nesta trajetória; pois a responsabilidade da escola em dar continuidade a sua função de educar é muito grande, porque é quem está mais próximo na relação entre o docente - conteúdo – discente. (Neder, 2000; Perrenoud, 2001).

A docência também busca exercer a mediação pedagógica com o conteúdo apresentado, uma vez que os elementos do planejamento de ensino-aprendizagem auxiliam na orientação ou reorientação diante das atividades acadêmicas não presenciais. De acordo com (Neder, 2000; Perrenoud, 2001), esta condição ocorre quando planejamos os seguintes quesitos:

- **Objetivo da disciplina:** é preciso deixar claro para o discente o que se pretende com a disciplina; o que se espera do cursista em termos da aprendizagem no final de sua trajetória e como contribuirá para o alcance dos objetivos gerais das atividades acadêmicas não presenciais.

- **Competências dos discentes a serem desenvolvidas**: importante definir quais os padrões de competências (conhecimentos, habilidades e atitudes) que o discente precisará desenvolver ou aproximar-se durante a trajetória das atividades propostas; deixar explícito ao término das etapas planejadas das atividades acadêmicas não presenciais quais níveis de aptidão estarão consolidados; definir quais conhecimentos anteriores o discente deve trazer para desenvolver-se.

- **Apresentação dos conteúdos:** os conteúdos devem ser apresentados aos discentes na sequência do mais fácil ao intermediário, até chegar ao nível mais complexo, sempre obedecendo aos pré requisitos que os alunos deverão ter cursado para o completo aproveitamento das atividades propostas.

- **As Possibilidades de avaliação de aprendizagem:** devem estar bem claras e definidas as informações sobre os processos e formas de avaliação; a informação sobre como os discentes serão avaliados (provas, trabalhos, seminários...); quais conteúdos serão cobrados nas avaliações; quais critérios de correção serão atribuídos no processo de avaliação. Importante também definir como ocorre a recuperação dos alunos com baixo rendimento.

- **Bibliografia básica e complementar da disciplina e do curso:** deixar disponível a informação sobre a bibliografia a ser usada na disciplina e no curso. Indicar a bibliografia básica a ser trabalhada, bem como a bibliografia complementar como recurso de apoio e complemento ao que se planejou ensinar.

Os elementos supracitados são relevantes, pois dão aos discentes mais segurança sobre como irá ocorrer o processo e o que é esperado dele, o que de certa forma contribui para manter-se motivado e participativo.

Segundo Veiga (2004), a relação pedagógica, por ser um encontro de pessoas, com desejos e aspirações, é um conjunto de interações afetivas que estão sempre presentes. E estão presentes também no modo virtual; ou seja, as ferramentas virtuais também podem potencializar uma mediação na relação ensino-aprendizagem. Listamos abaixo algumas destas ferramentas:

- **Fórum de discussão:** recurso utilizado para interação entre o docente e discente; espaço assíncrono para desenvolvimento colaborativo de tarefas em equipe; fórum para manter contato com a coordenação pedagógica, tipo "fale com a nossa equipe", "espaço para ambientação entre os demais discentes tirarem dúvidas". Uma boa plataforma de aprendizagem remota conta com esse recurso; pois cria um estímulo a partir da postagem de uma dúvida ou uma questão problematizadora para que os discentes manifestem seus argumentos e demonstrem o quanto estão em processo de adesão e sintonia com o conteúdo trabalhado nas atividades acadêmicas não presenciais.

- **Chat (Bate Papo):** ferramenta utilizada para o cursista se comunicar de maneira interativa para atendimento e outros assuntos ligados às atividades planejadas ou até mesmo sobre o curso que realiza; bem como também discutir sobre uma questão proposta a todos os cursistas com a presença de moderadores;

- **E-mail:** permite a troca de informações entre docentes e discentes, envio de dúvidas, envio de tarefas, espaço para orientação de trabalhos de conclusão de cursos etc.;

- **Grupo de mensagem instantânea:** o intenso uso do celular no cotidiano de vida moderna vem trazer possibilidades que ganham protagonismos nas atividades acadêmicas não presenciais, principalmente por parte dos discentes que criam grupos de mensagem instantânea para comutar conhecimentos e informações sobre o processo entre eles mesmos e às vezes incluem os docentes. São exemplos dessa ferramenta o WhatsApp, o Telegram etc. Além do caráter educativo nesses aplicativos, os seus recursos vêm tornando o espaço de convivência da escola mais próximo entre os discentes

O processo de aprender em rede inclui a contribuição ativa do aluno e ocorre no âmbito de uma situação interativa, na qual o docente atua como guia e facilitador, provocando e estimulando novos descobrimentos, propondo estratégias em uma prática pedagógica que deve levar o aluno a produzir e refletir, com autonomia, experimentando e registrando o resultado de suas observações.

5. Considerações finais

Os principais desafios encontrados pelos discentes diante as atividades acadêmicas não presenciais se relacionam à superação de dificuldades em campos diferentes: afetivo, pedagógico e tecnológico.

O campo afetivo dá-se na interação entre discentes-discentes e discentes-docentes. O alunado ainda tende a sentir falta da convivência física da sala de aula. As ideias precisam ser compartilhadas com outros alunos. Se o discente não obtém o *Feedback* do docente em relação a alguma atividade, ele pode se sentir abandonado e desvalorizado. A gestão das atividades acadêmicas não presenciais pode minimizar isso ao fazer o bom uso do planejamento, que deve ser pautado em ações contínuas desde a concepção do que se pretende ensinar até a sua conclusão pelo discente.

A interação é necessária, pois na modalidade de ensino remoto o aluno é mais requisitado em termos de participação do que em salas de aulas presenciais. Na prática, isso vem gerando um acúmulo de requisição de interação do aluno com as atividades, que o mesmo se sente pressionado e desrespeitado no seu tempo de aprender e amadurecer diante das situações que lhes são apresentadas de modo quase que instantâneo.

Quanto aos desafios no campo pedagógico, é necessário compreender as diversas nuances ligadas aos fatores como: o tempo, as atividades, interferências externas, má compreensão dos objetivos do plano de ensino, e material didático de má qualidade que não privilegiam problematizações e articulações com as demais áreas do conhecimento.

A obrigação de comparecimento físico diário para o cumprimento da carga-horária presencial não ocorre da mesma maneira nas atividades acadêmicas não presenciais. Nela, há também a necessidade de cumprir a carga-horária, mas de acordo com a disponibilidade do discente. Se o discente não administrar bem essa disponibilidade, certamente deixará de cumprir a carga-horária obrigatória e não irá se apropriar daquela base de conhecimento disponibilizada para aquele momento de interação.

Outro fator que se liga diretamente ao anterior (tempo) é a disciplina. O contato face-a-face da sala de aula presencial é uma das formas de se cobrar o compromisso dos alunos com as tarefas solicitadas. No ambiente remoto de ensino-aprendizagem, sem esse contato, os alunos tendem a descumprir com as obrigações das tarefas e acabam defasados em relação ao curso.

Se o material didático e as atividades acadêmicas não presenciais não forem pensados para serem atrativos ao público-alvo, a tendência é que os discentes abandonem os estudos por falta de interesse. Nesse ponto, faz-se necessário que os envolvidos na concepção, administração e mediação pedagógica da escola estejam em pleno exercício de acompanhamento do desenvolvimento de cada discente.

A falta de acesso e familiarização com os equipamentos tecnológicos e/ou a internet pode fazer com que o aluno se sinta deslocado da escola.

No que se diz sobre o contexto da pandemia de COVID-19 e a escola, as vidas perdidas e o sofrimento das famílias serão para sempre zelados e compreendidos por todos do ambiente escolar. O luto será eterno, sendo presente todos os dias entre os intervalos de aulas, nas conversas e apoio aos companheiros de profissão ao receber mais uma notícia de perda de um familiar, amigo ou até mesmo de seus discentes. O medo da contaminação é recorrente durante o contato com todos da escola, o que impede um abraço acolhedor em momentos difíceis. Mas, como educadores, nutrimos a esperança de que passará!

Referências Bibliográficas

BRASIL. CNE, 2020. PARECER CNE/CP Nº: 5/2020, disponível em: http://portal.mec.gov.br/index.php?option=com_docman&view=download&alias=145011-pcp005-20&category_slug=marco-2020-pdf&Itemid=30192. Acesso em 16 set 2021.

DIAS, R. A. LEITE, L. S. Educação a distância. Da legislação ao pedagógico. São Paulo: Vozes, 2010.

FREIRE, Paulo. A importância do ato de ler. São Paulo: Cortez, 1985. ______. Pedagogia da autonomia. Saberes necessários à prática educativa. São Paulo: Paz e Terra, 1996.

______. Pedagogia do Oprimido. Paz e Terra, 1974.

LÉVY, P. As Tecnologias da Inteligência: o futuro do pensamento da era da Informática. Editora 34. Rio de Janeiro, 1993.

LINARD, M. A autonomia do aprendente e as TIC. Tradução de Maria Luiza Belloni, 2000. Disponível em: HTTP://www.comunic.ufsc.br/artigos/art_autonomia.pdf. Último acesso em 16 de setembro de 2021.

MASETTO, M. T.; MORAN, J. M.; BEHRENS, M. A. Novas tecnologias e mediação pedagógica. Campinas: Papirus, 2000.

NEDER, Maria Lúcia Cavalli. Avaliação na Educação a Distância: significações para definição de percursos. In: PRETI, Oreste (org.) Educação a Distância: Início e indícios de um percurso. Cuiabá: NEAD/UFMT, 2000.

PERRENOUD, P. Construir as Competências desde a Escola. Editora ArtMed. Porto Alegre, 1999.

______________. As Novas Competências para Ensinar. Editora Artes Médicas

Sul. Porto Alegre, 2000.

SAVIANI, D. Educação: do senso comum à consciência filosófica. 15a ed. Campinas: Autores Associados; 2004.

VEIGA, Ilma Passos Alencastro. Educação básica e educação superior: projeto político-pedagógico. 3. ed. Campinas: Papirus, 2004.

WISSMANN, L. D. M. Autonomia em EaD – uma construção coletiva. In: POMMER, A.; SILVA, E. W. da; WIELEWICKI, H. de G.; WISSMANN, L. D. M. W.; VERZA, S. Educação superior na modalidade a distância – construindo novas relações professor-aluno. Série Textos Didáticos. Ijuí: Editora Unijuí, 2006. Disponível em: http://www2.unijui.edu.br/~liaw/. Acessado em: 17 de setembro de 2021.

Capítulo 5

Impactos da Pandemia – Projetos e ações Uerj, IP e SPA – um olhar para Saúde Mental e os cuidados Psicossociais

Heloisa Helena Ferraz Ayres
Profa. Adjunto do Instituto de Psicologia da Uerj

Introdução

Desde 2020, fomos atravessados por uma pandemia inusitada e grave, de dimensão mundial, causada pelo vírus SARS-CoV-2, reconhecida, em 11 de março de 2020, pela Organização Mundial da Saúde (2020). Em junho de 2020, no Brasil, o Ministério de Saúde anunciou 1.145.906 casos e 52.645 óbitos atestados (Brasil, MS, 2020). Todos nós fomos convocados por medidas preventivas a permanecer em casa, em isolamento social. O impacto na vida cotidiana e na saúde foi vivido com muitas dúvidas, inseguranças tanto por ser uma doença nova para ciência como por falta de informações e de uma comunicação assertiva das autoridades do governo brasileiro.

O ineditismo da situação propiciou um cenário social de perplexidade, hesitação e indecisão, gerando muito medo, tristeza, ansiedade. Pessoas infectadas, quadros da doença graves, levando a mortes ou sobreviventes com complicações; mesmo as pessoas com sintomas leves apresentaram diferentes reações e consequências a longo prazo. Portanto, a percepção inicial de que a pandemia iria ser controlada, foi se modificando, pois os efeitos foram se ampliando e o tempo se prolongando. A situação parecia igual para todos, mas, indubitavelmente, estava sendo e foi vivida de forma diferente por cada um, seja pela sua situação econômica, familiar ou, ainda, pela própria doença que se manifesta e se manifestou de maneiras diversas. Por outro lado, difícil de acreditar o que acontecia no mundo, paralisado, os *lockdowns* se sucederam. Houve uma busca incessante por respostas que explicassem a realidade e por modelos para assegurar que o mundo à nossa volta estava ainda sob nosso controle. Frente a esse panorama, o adoecimento não foi somente físico, mas mental, indicando a necessidade de se encontrar caminhos que pudessem também dar suporte emocional diante de tanto sofrimento psicológico (Malta et al, 2020) .

Muitas pesquisas foram realizadas para entender esse momento, sites e publicações digitais foram criados para divulgar e orientar a população. Algumas inciativas se mostraram inovadoras, propiciando resultados importantes para o enfretamento desse cenário pandêmico. Um portal a ser destacado é o lançado pela Fiocruz: https://portal.fiocruz.br/Covid19. Em 30 de março, o portal da Fiocruz publica uma matéria intitulada "Covid-19: que vírus é esse?" (Dominguez, 2020), com o objetivo de propiciar informações, esclarecimentos sobre a pandemia. Em abril de 2020 a Fiocruz abre o site: "Coronavírus e saúde mental. Tire suas dúvidas aqui!" (https://www.fiocruzbrasilia.fiocruz.br/coronavirus-e-saude-mental-tire--suas-duvidas-aqui/), um guia de perguntas e respostas sobre os cuidados com a saúde mental.

Em março de 2020, no início do denominado Período Emergencial Acadêmico (PAE) pela Universidade do Estado do Rio de Janeiro (Uerj), foi publicado o primeiro número do BOLETIM-IP (Nórte &; Jacó-Vilela, 2020), edição mensal, online, que tem como objetivos comunicar e integrar as atividades de ensino, pesquisa e extensão realizadas pelo Instituto de Psicologia (IP). Esta iniciativa possibilitou criar um espaço de comunicação, interação e integração das atividades e os diversos segmentos do IP. Em abril de 2020, a segunda edição, em plena pandemia e isolamento social, cumpriu sua função de integrar, dar a conhecer e fortalecer os vínculos com os diversos setores e núcleos do Instituto. Essa edição percorreu os seguintes temas: Apresentação das Coordenações de Graduação, Pós-graduação e Psicologia Social, Curso de Especialização em Psicopedagogia, Pós-graduação Lato Sensu e Pós-graduação em Psicanálise; - Resultados da pesquisa a respeito do funcionamento do Serviço de Psicologia Aplicada; - Entrevista com a Coordenação de Extensão sobre sua experiência na extensão universitária e condução dos projetos de extensão; - Apresentação dos diversos segmentos que compõem o IP: - a Coordenadora de Pesquisa dos núcleos de pesquisa e laboratórios do IP-UERJ; - os Departamentos que compõem o IP, com os relatos das Chefias e Subchefias; - a Revista Estudos e Pesquisas em Psicologia, por sua Editora; - o CAPSI, Centro Acadêmico e o do Coletivo Negro de Psicologia Neusa Santos. Esse mapeamento possibilitou maior visibilidade a diversidade e abrangência de áreas de conhecimento do IP. Apresentou, ainda, uma coletânea das principais orientações do Conselho Regional de Psicologia (CRP-05) e Conselho Federal de Psicologia (CFP) a respeito da prática profissional nesse período de pandemia, destacando o atendimento online e o cadastro e capacitação de psicólogos divulgados pelo Ministério da Saúde. Além de um Dossiê especial voltado à COVID-19, de atividades de pesquisas, projetos de extensão que estavam sendo realizados pelos professores, pesquisadores do IP para o enfrentamento da pandemia.

Um outro Projeto a ser destacado é o EXPRESSÕES DA PSICOLOGIA - Reflexões e Práticas em Tempos de Pandemia, e-book (Goffman et al, 2020) promovido pelo Conselho Regional de Psicologia do Rio de Janeiro, tendo como inspiração o Projeto "Compartilhando Leituras" da UFRJ, construído com poesias, relatos científicos e reflexões de textos de psicólogas, psicólogos e estudantes de Psicologia sobre os desafios enfrentados durante a pandemia, no âmbito da Psicologia, resultando em um livro de 748 páginas, com 288 autores.

Duas pesquisas nos parecem, também, fundamentais para auxiliar na reflexão sobre esse período pandêmico. A pesquisa realizada por Agências da Organização Mundial das Nações Unidas (ONU, 2021) sobre a população jovem da América Latina e Caribe e as dificuldades enfrentadas na pandemia, como insegurança alimentar, aumento da violência de gênero e de acesso a ensino e emprego. O lançamento se deu no Dia Internacional da Juventude, em 12 de agosto de 2021, com o tema: "Transformando Sistemas Alimentares: Inovação da Juventude para a Saúde Humana e Planetária". E a pesquisa desenvolvida por diferentes Universidades federais e estaduais de Psicologia, totalizando 6 universidades e 10 autores, (Gusso et al, 2020) publicada sobre o ensino superior. A pesquisa percorreu o histórico da emergência em saúde pública e a adoção de medidas para o enfrentamento pelo Comitê Operativo de Emergência do Ministério da Educação (COE-MEC), tendo como resultado a suspensão das aulas presenciais nas instituições de ensino públicas e privadas **(Brasil, ME, 2020).** Gusso et al (2020, p.4) indicaram as seguintes problemáticas no âmbito do ensino superior:

a. a falta de suporte psicológico a professores;
b. a baixa qualidade no ensino (resultante da falta de planejamento de atividades em "meios digitais");
c. a sobrecarga de trabalho atribuído aos professores;
d. o descontentamento dos estudantes; e
e. o acesso limitado (ou inexistente) dos estudantes as tecnologias necessárias.

Os autores indicam diretrizes para lidar com essa situação complexa, ressaltando ser fundamental capacitações, a preparação de todos, docentes e discentes, para esse momento tão singular, considerando-se "as dimensões éticas, afetivas, políticas e sociais, tanto quanto as dimensões técnicas, cientificas e culturais", (Botomé, 2020, p.31) para uma formação ampliada e crítica.

Outra publicação atual e importante que chama a atenção para os efeitos perversos da pandemia é o Mapa da Pobreza da Fundação Getúlio Vargas (Neri, 2022) que revela o aumento da pobreza no Brasil ao longo da pandemia, indicando uma mudança profunda da pobreza de 2019 a 2021. Destaca que a renda domiciliar per capita até 497 reais mensais atingiu 62,9 milhões de brasileiros em 2021, cerca de 29,6% da população total do país, correspondendo a 9,6 milhões a mais que 2019, constatando que a pobreza nunca tinha sido tão alta.

Essas iniciativas e publicações confirmam um delineamento complexo das consequências da pandemia, exigindo diversas ações integradas, relacionadas aos cuidados da saúde mental, em uma perspectiva psicossocial. Os desafios advindos dessa pandemia global foram muitos, tanto pelo contágio e seu índice de mortalidade, como pelas medidas impostas de prevenção que provocaram mudanças no mundo do trabalho, na educação, na convivência humana, que, portanto, afetaram as diversas dimensões da realidade de cada sujeito e da sociedade.

Como, então, acompanhar e lidar com essas mudanças? Por conseguinte, para responder à pergunta, parece-nos importante traçar um caminho para compreensão das questões centrais na contemporaneidade, levantando ou tentando entender os novos paradigmas que norteiam e vão nortear a vida das pessoas, considerando, assim, os contextos histórico, econômico e psicossocial que se apresentaram e apresentam em tempos de COVID-19.

Nesse sentido, o convite é para problematizar como propõe Foucault (2004): fazer uma desnaturalização, criando uma distância crítica que nos possibilite movimentar nosso pensamento sobre o mundo que vivemos e desconstruir paradigmas. Deste modo, propor sair de uma zona de conforto, de verdades absolutas, para as incertezas e as dúvidas, para o movimento. Nas palavras de Foucault: *"O que acontece atualmente e o que somos nós, nós que talvez não sejamos nada mais e nada além daquilo que acontece atualmente?* A questão da filosofia é a questão deste presente que é o que somos" (Foucault, 2005, p. 239).

Novos tempos – novos paradigmas

A sociedade contemporânea ***já*** vinha enfrentando novos desafios nos planos econômico, político e social. Uma economia globalizada, cada vez mais competitiva, de acelerado progresso nos recursos tecnológicos (microcomputadores, robôs, telecomunicações) e científicos caracterizado pela informatização, automação e terceirização. Identifica-se uma sociedade caracterizada, sobretudo, por uma flexibilidade de mercados, de trabalho, de qualificações e de práticas laborais. Reconhece-se uma sociedade ocidental que foi se constituindo - e se constitui - tomando por base o crescimento econômico com ênfase no acúmulo de riqueza, nas relações de exploração do ser humano e na deterioração da natureza em um campo de dominação e de desigualdades. Enriquez (2002, p.10) aponta para uma racionalidade instrumental "como parte da razão que prevaleceu no mundo ocidental", que não se considera as variáveis humanas e sociais, ocultando tanto a referência social quanto ***ética, isto é, a economia*** presente no centro da sociedade; o foco é o crescimento da produção e do consumo, onde "tudo se coloca sob a égide do custo/ benefício."

Diante desse contexto, apresenta-se um cenário global atípico atravessado pela pandemia da COVID 19. Como, então, caracterizar a sociedade atual? Que mudanças podem ser verificadas neste campo?

A sociedade atual vive uma crise econômica, social e de saúde que se instalou nesse período de pandemia, que pode ser caracterizada pela busca de sobrevivência, em uma situação de confinamento, não só pelo contágio da doença, mas diante de seus efeitos: - níveis de desemprego elevados, insegurança e instabilidade nos empregos, crescimento do trabalho informal e precário, redução de salários, precarização das condições de trabalho e de vida, com consequências nefastas para a educação, transpassadas por assédios, violência, que culminam em sofrimentos e adoecimentos. As pessoas encontram-se em um estado contínuo de estresse, em um ritmo de exigências, capazes de ocasionar enfermidades psicossomáticas, como a síndrome de *burnout.* Vivem a ansiedade de não dar conta dos resultados esperados, de não ser bem sucedido ou criativo e, portanto, experimentam o medo de serem descartáveis, do fracasso. Portanto, apresenta-se uma lógica que enfatiza cada vez mais a desigualdade e a concentração de renda, em favor dos interesses do capital e em detrimento das necessidades e direitos humanos, de estímulo aos preconceitos, gerando ódio entre classes sociais e aos grupos sociais historicamente excluídos. (Davel & Vasconcelos, 1995; Yazbek, Raichelis & Sant'Ana, 2020).

Em um mundo pandêmico, a tecnologia passou a ser um instrumento essencial, vital para garantir o acesso de todos à educação, ao trabalho. Neste sentido, de garantir a sobrevivência e a continuidade das instituições. Assim, tivemos que superar paradigmas e implantar soluções para nos adaptarmos a um cenário tão instável, mutável e imprevisível.

A definição de Zygmunt Bauman (2011, p.7-9) pode ser considerada fonte de inspiração para refletirmos sobre esse momento vivido pela humanidade de pandemia na era digital: "fluidez" é a qualidade de líquidos e gases. (...). Os líquidos, diferentemente dos sólidos, não mantêm sua forma com facilidade. (...) os fluidos se movem facilmente. Eles "fluem", "escorrem", "esvaem-se", "respingam", "transbordam", "vazam", "inundam" (...) Essas são razões para considerar "fluidez" ou "liquidez" como metáforas adequadas quando queremos captar a natureza da presente fase, nova de muitas maneiras, na história da modernidade.

As ambiguidades e contradições deste cenário mundial exigem novas abordagens, pesquisas que deem conta deste "mundo novo" e seus reflexos para o ser humano, o trabalho e a educação. De repente, sem nenhum roteiro, nos vimos convocados a nos adaptar a novos ambientes virtuais. Como afirma Seidl-de-Moura (2021p.3). "só há um caminho: pela ciência. Só o esforço científico intenso, colaborativo e global traz alguma perspectiva de sucesso ou de sobrevivência e de superação humanas".

Frente à complexidade da existência humana, a grande aventura do ser humano é sua tendência a associar-se, a relacionar-se, revelando sua necessidade básica de pertencimento, de sentir-se fazendo parte. Sua existência configura-se em uma dimensão social/histórica marcada pela relação dialética do singular-coletivo, do ser único e social. Nesse sentido, a busca existencial do ser humano de viver em sociedade manifesta-se no fazer coletivo na medida em que pode expressar seus interesses individuais e os identifica, em um plano comum, "com seus iguais". A construção coletiva representa uma ação do ser humano, resultado da convivência social, compreendendo a intersubjetividade, na qual a singularidade coexiste no todo, encontrando no outro, no grupo, na relação, a oportunidade de manifestação de si, de sua produção através do que é comum (Ayres, 2012, 2018).

Mediante o exposto, a pandemia abre a discussão sobre o valor da vida, que não se pode pensar de forma isolada. Um convite para a transformação desse isolamento em um fazer coletivo, de superação pela ciência e pelos espaços coletivos, de diálogo contínuo, em uma perspectiva integradora, que enfatiza a interdependência de todos os seres humanos.

Projetos para ação em uma perspectiva coletiva para o enfretamento dos impactos da pandemia – UERJ, IP, SPA/IP

As concepções de Morin (2007), em relação ao pensamento complexo, podem servir de inspiração para podermos destacar alguns Projetos construídos na pandemia na Universidade do Estado do Rio de Janeiro, no Instituto de Psicologia (IP), no Serviço de Psicologia Aplicada do IP que buscaram minimizar os efeitos perversos deste PAE, em uma perspectiva coletiva.

Morin (1977, p. 13-14) afirma estar cada vez mais convencido "de que os conceitos de que nos servimos para conceber a sociedade – toda a sociedade – estão mutilados e conduzem a ações mutiladoras". Destaca que o problema fundamental da sociedade contemporânea é a própria dissociação entre indivíduo e sociedade. Para o autor é necessário que se rearticule indivíduo-sociedade. Este desafio materializa-se no cerne do pensamento ocidental, representado por um pensamento dicotomizado das relações, seja do homem com a natureza, seja do homem com seus "iguais". Nesse sentido, o que está em questão são as crenças e valores vigentes que permeiam os modelos de desenvolvimento. Segundo Morin (2002), a concepção do pensamento complexo identifica a unidade humanidade e planeta, conforme discutido pelo autor:

As sociedades atuais são incapazes de tratar os problemas planetários fundamentais. É vital que elas se associem, daí a alternativa associação ou barbárie. Mas essa associação deveria fazer emergir uma sociedade de um tipo novo, uma sociedade-mundo.

Não podemos equacionar os problemas globais do planeta enquanto estivermos num conhecimento fragmentado em disciplinas fechadas; é preciso uma reforma do pensamento que nos permitisse conceber os problemas fundamentais e os problemas globais que nosso conhecimento atual reduz a migalhas. Não podemos pensar nem de maneira local nem global. Eles se interpelam sem parar, interpenetram e se confundem. Daí a necessidade de um pensamento complexo (Morin, 2002, p. 4).

Nossa proposta, então, é apresentar alguns Projetos/Ações que foram desenvolvidos pelos diferentes segmentos da Uerj, em uma concepção integradora e ampliada sobre o tema, relacionada à saúde mental e aos cuidados psicossociais.

Projetos – ações - Uerj

O primeiro a ser mencionado está relacionado ao Plano de Inclusão Digital (Uerj, 2020) desenvolvido no início do Período Acadêmico Emergencial pela Universidade do Estado do Rio de Janeiro (Uerj), que buscou garantir aos estudantes cotistas condições de acesso digital para as aulas e atividades remotas, composto por: - pagamento de auxílio; - distribuição de até 12 mil chips com pacotes de dados; e a concessão de até 8 mil tablets inscritos de acordo com o edital. Palavras do Reitor no lançamento do plano, em 14 de setembro de 2020:

"Mesmo diante da pandemia, a Uerj continuará cumprindo sua função social, mantendo seu projeto de universidade pública, gratuita, laica, de excelência e referenciada socialmente, que contribui para o desenvolvimento social, científico e tecnológico do Estado do Rio de Janeiro".

O Plano de ações conjuntas contra a Covid-19 nas favelas do Rio que reuniu várias instituições, como a Uerj, a Universidade Federal do Rio de Janeiro (UFRJ), a Pontifícia Universidade Católica do Rio de Janeiro (PUC-Rio) e a Fundação Oswaldo Cruz (Fiocruz), e as lideranças comunitárias e movimentos sociais do Complexo do Alemão, Cidade de Deus, Maré, Rocinha e Santa Marta. A proposta foi unir e atuar no atendimento médico, prevenção e apoio social a essas populações.

A Pró-reitora de Extensão e Cultura que participa como representante da coordenação executiva do plano, afirmou:

"De forma histórica e única, as universidades criam uma unidade com os coletivos de territórios de favelas. A Uerj entende a responsabilidade de fazer uma ponte de mão dupla, respeitando a troca de saberes, aproximando diferentes agentes sociais e propiciando o resgate da cidadania".

Outra iniciativa inovadora, foi desenvolvida pela Rede Sirius de Bibliotecas da UERJ, em maio de 2020, foi um site divulgando a Produção científica sobre o novo coronavírus e COVID-19, https://www.rsirius.uerj.br/novo/index.php/servicos/producao-cientifica-sobre-o-novo-coronavirus-e-covid-19, sob múltiplas perspectivas denominado "Visibilidade de produção científica da UERJ sobre Coronavírus (COVID-19)", buscando dar visibilidade à produção científica institucional e colaborar para a sua disseminação.

Projetos – ações – IP/Uerj

O Instituto de Psicologia, desde o início da pandemia desempenhou um papel expressivo na universidade oferecendo várias atividades, como as relatadas no Boletim-IP EDIÇÃO #02 – Abril 2020 e no Boletim EDIÇÃO #08 – Novembro 2020. O destaque é o Projeto Psicologia Presente, que teve como proposição básica o acolhimento à comunidade interna da UERJ – professores, servidores técnico-administrativos e alunos - nos moldes de um atendimento pontual, sob a forma de acolhimento, e atendimento para casos mais graves. O Projeto contou com 57 psicólogos voluntários que ficaram responsáveis pelo acolhimento psicológico, de abril a agosto de 2020, totalizando 500 pessoas acolhidas (Nórte & Jacó-Vilela, novembro 2020).

Em abril de 2020, também foi lançada pelo Projeto de extensão Liga Acadêmica de Terapia Cognitivo-Comportamental da UERJ (LATCC), duas Cartilhas que pudessem contribuir para minimizar dificuldades que as pessoas estão enfrentando com mudanças no cotidiano, em virtude da chegada do coronavírus ao Brasil. A participação discente e docente nesse projeto foi voluntária. A primeira cartilha, LIGAndo pais, filhos e avós na #Quarentena, sugere atividades para os pais/cuidadores poderem realizar com os filhos. A segunda. Ansiedade em tempos de isolamento social dá diretrizes gerais para as pessoas poderem lidar com a ansiedade. Elas estão disponibilizadas on-line no endereço: https://www.facebook.com/latccuerj/.

Projetos – ações – SPA/IP/Uerj

A partir de 2020, dada a pandemia do novo coronavírus e as medidas sanitárias adotadas pela nossa universidade, o SPA teve que adaptar as suas atividades às novas rotinas e trabalho remoto, permanecendo sempre atuante e condizente com as orientações da UERJ, do Conselho Federal de Psicologia (CFP) e seu Código de Ética Profissional, além da Associação Brasileira de Ensino de Psicologia (ABEP) no que diz respeito à condução dos estágios clínicos e prestação de serviços psicológicos por estagiários. Sendo assim, em meio à pandemia e seus atuais desdobramentos, incluindo o agravo à saúde mental da população e às dificuldades enfrentadas pela rede pública de atenção à saúde, o SPA da UERJ vem sendo cada vez mais requisitado em seus serviços, o que fomenta a realização de atividades de acolhimento que possam continuar a responder às demandas de atendimento psicológico da população.

O Serviço de Psicologia Aplicada do IP da UERJ (2022) ofereceu acolhimento psicológico remoto durante a pandemia de COVID-19, de outubro de 2020 a março de 2022. Iniciamos com o Projeto SPA À Escuta, no período de outubro de 2020 a fevereiro de 2021, quando foi elaborado o Projeto Recepção e Acolhimento Psicológico – SPA, que atualmente é um Projeto de extensão. O objetivo foi oferecer uma nova modalidade de prática de estágio supervisionado a/aos estagiário/as durante o Período Acadêmico Emergencial/PAE - 2020.1, previamente inscritos nos Estágios no mês de março de 2020 (Tabela 1). Esta nova modalidade caracterizou-se por uma prática de estágio suplementar, através do acolhimento não presencial de caráter pontual (não se trata de psicoterapia), visto que a Universidade permaneceria fechada por tempo indeterminado, exceto para as atividades consideradas essenciais. A proposta é o acolhimento à comunidade que busca atendimento no SPA através do preenchimento de Formulário de Inscrição específico disponível online. O/as estagiário/as serão responsáveis pelo acolhimento à/ao solicitante, devendo reportar-se à/ao supervisor/a que orientará quanto à conduta a ser adotada em cada caso.

A proposta, em 2022.1, na volta das atividades presenciais, a recepção e acolhimento permaneceram de modo remoto, configurando-se como a porta de entrada do Serviço Escola. Através dos acolhimentos remotos os alunos podem desenvolver habilidades clínicas importantes para sua formação profissional na medida em que é oferecido espaço de articulação teórico-prática em meio aos acolhimentos realizados, bem como seu primeiro contato com a população a ser atendida.

A Recepção e Acolhimento Psicológico do SPA caracterizam-se por um projeto que se fundamenta em uma perspectiva integradora, de interdependência, contando com a participação dos supervisores, dos estagiários e da Equipe técnica do SPA, conforme Tabela 1.

Tabela 1 – Recepção e Acolhimento Psicológico - SPA

	Projeto Recepção e Acolhimento Psicológico - SPA			
	2021.1	2021.2	2022.1	Total
Equipes	19	14	10	43
Estagiários	84	82	49	215
Vagas Acolhimento	84	48	38	170
Vagas Acompanhamento	52	41	16	109
Total de vagas	136	89	54	279
Acolhimentos realizados	234	117	72	423
Acompanhamentos Realizados	47	41	23	111
Total de Atendimentos	281	158	95	534

As principais queixas registradas em nossas inscrições são ansiedade; depressão; e depressão e ansiedade, contabilizando um percentual de 45% do total de inscrições. As demais queixas registradas foram variadas, tais como: luto, medo, inseguranças relacionadas à pandemia, ideações suicidas; questões familiares, de saúde e profissionais; desemprego; estresse; desânimo; tristeza; fobias; pânico; isolamento e solidão. A população atendida, em sua maioria não possui vínculo com a UERJ. (Tabela 2).

Tabela 2 Vínculo com a UERJ – inscrições 2021

Vínculo com a Uerj	N	%
Aluno de graduação	87	19
Aluno Cap UERJ	7	1,5
Aluno doutorado	5	1
Aluno de mestrado	4	0,9
Aluno UFRJ	5	1

Aluno de pós-graduação	2	0,4
Técnicos administrativos	10	2
Nenhum vínculo	348	74
Responderam ao formulário	468	100

Neste período de COVID-19, o Instituto de Psicologia e o Serviço de Psicologia Aplicada da Uerj buscaram se reestruturar e desenvolver várias ações que pudessem propiciar um suporte à saúde mental dos estudantes, dos professores e à população em geral, tendo ofertado a diversos dispositivos de cuidado. Os dados apresentados fazem parte dos Relatórios Administrativo e Técnico, disponibilizados no Ambiente Virtual de Aprendizado (AVA) do Instituto de Psicologia e no site do IP, http://www.psicologia.uerj.br/, nas páginas do SPA e foi elaborado pela Equipe Técnica do SPA.

Considerações finais

Nesse sentido, frente às mudanças contínuas, em um mundo cada vez mais tecnológico, torna-se fundamental uma preocupação cada vez maior em investigar essas relações sociais, de trabalho e os estudos voltados para o sofrimento e adoecimentos. Portanto, o desenvolvimento de ações de prevenção à saúde mental e de cuidado psicossocial devem ser temas prioritários para o planejamento de projetos e ações, devendo estar em todas as pautas. Assim, a busca por uma mudança de paradigma, em que o ser humano não é mais um "recurso", considerado em toda sua subjetividade, sua inserção histórica e social, protagonista de todas as dimensões de sua vida. Em uma postura cidadã, se sente compromissado com seu destino e o da sociedade. Nessa concepção, pressupõe-se a construção de parcerias, de diálogos, consequentemente, de participação de todos, para construção de uma universidade integrada, em que os princípios de equidade, respeito à diversidade e de compromisso com o coletivo se fazem presentes.

Dessa maneira, a Psicologia, em uma comprometida visão de mundo e de ser humano, volta-se para o estudo do ser humano no campo social, em sua natureza histórico-social, na construção coletiva, contribuindo com uma visão crítica, ética e social dos campos da Psicologia. Em uma atuação profissional ética, como ressalta Freire (1996, p.16) "[...] da ética universal do ser humano, estou falando da ética enquanto marca da natureza humana, enquanto algo absolutamente indispensável à convivência humana".

Referências Bibliográficas

Ayres, H.H.F (2012)*Conselhos de Gestão de Parques: grupos sociais em movimento?* Tese (doutorado) - Programa de Pós-graduação em Psicossociologia de Comunidades e Ecologia Social – EICOS, RJ: UFRJ, 2012.

Ayres, H.H.F (2018) Research and Integrated Intervention - a trajectory for new values in the field of work and organizations. In: *Organization 4.1:* the role of values in the organizations of the 21st century of 16th Conference of the International Society for the Study of Work & Organizational Values, ISSWOV, Edited by Dr. Ilona Baumane-Vītoliņa. ISBN 978-0-9817997-5-9

Bauman, Z. (2011) Modernidade Líquida. Rio de Janeiro: Editora Zahar.

Botomé, S. P. Diretrizes para o ensino de graduação: O projeto pedagógico da Pontifícia Universidade Católica do Paraná. Curitiba: Ed. Universitária Champagnat, 2000.

Brasil. Ministério da Saúde, Secretaria de Vigilância em Saúde. (2020) *Boletim Epidemiológico Especial* COE-COVID19 [internet]. Recuperado de: https://www.saude.gov.br/images/pdf/2020/

May/29/2020-05-25---BEE17---Boletim-do-COE.pdf.

Brasil. Ministério da Educação. Gabinete do Ministro. Portaria n. 343, de 17 de março de 2020. Dispõe sobre a substituição de aulas presenciais por aulas em meios digitais enquanto durar a situação de pandemia do Novo Coronavírus - COVID-19. Diário Oficial da União, ed. 53, seção 1, Brasília, DF, p. 39, 18 mar. 2020c. Recuperado de http://www.in.gov.br/en/web/dou/-/portaria-n-343-de-17-de-marco--de-2020-248564376

Davel E. & Vasconcelos J. (orgs.). *"Recursos" Humanos e Subjetividade*. Petrópolis, Vozes, 1995.

Dominguez, B. (2020) Covid-19: que vírus é esse? *Comunicação e informação. Portal Fio Cruz.* 30 de março de 2020. https://portal.fiocruz.br/noticia/covid-19--que-virus-e-esse.

Enriquez, E. Prefácio. IN: Davel, E.; Vasconcelos, J. (Orgs.). *"Recursos" Humanos e Subjetividade*. Petrópolis, RJ: Vozes, 2002.

Foucault, M. (2005) *Arqueologia das Ciências e História dos Sistemas de Pensamento*. Rio de Janeiro: Forense Universitária.

__________ (2004) O cuidado com a verdade. In: MOTTA, M. B. (Org.). *Ditos e escritos*. (Vol. V). Rio de Janeiro: Forense Universitária, p. 234-245.

Freire, P. *Pedagogia da Autonomia*: Saberes Necessários à Prática Educativa. Rio de Janeiro: Paz e Terra, 1996.

Goffman, R., Melício, T. Scrivano, I., & Ferreira, L. M. (Orgs.) (2020) *EXPRESSÕES DA PSICOLOGIA* - Reflexões e Práticas em Tempos de Pandemia. Conselho Regional de Psicologia do Rio de Janeiro. ISBN 978-65-89050-00-1

Recuperado de http://www.crprj.org.br/site/expressoes-da-psicologia-reflexoes-e--praticas-em-tempos-de-pandemia/

Gusso, H. L. ; Archer, A. B. ; Luiz, F. B. ; Sahão, F. T.; Luca, G. G. ; Henklain. M. H. O; Panosso, M. G.; Kienen, N. ; Beltramello, O. ; Gonçalves, V. M. (2020) Ensino Superior em Tempos de Pandemia: Diretrizes à Gestão Universitária, Debates e Polêmicas. *Educação & Sociedade*, Campinas (41) :e 238957 https://doi.org/10.1590/ES.238957

Malta DC, Gomes CS, Szwarcwald CL, Barros MBA, Silva AG, Prates EJS, Machado IE, Souza Júnior PRB, Romero DE, Lima MG, Damacena GN, Azevedo LO, Pina MF, Werneck AO, Silva DRP. (2020). Distanciamento social, sentimento de tristeza e estilos de vida da população brasileira durante a pandemia de Covid-19. Saúde em Debate [online]. v. 44, n. spe4, pp. 177-190. ISSN 2358-

2898. https://doi.org/10.1590/0103-11042020E411

Morin, E. *Introdução ao Pensamento Complexo.* 3 ª. Ed. Porto Alegre: Sulina, 2007.

__________ *Método I - A Natureza da Natureza.*(1987) Europa América: Portugal 2ª. Ed. 1977. Recuperado de http://www.scribd.com/doc/7125193/Edgar-Morin-O-Metodo-I-A-Natureza-Da Natureza.

Neri, M. C. (2022) Mapa da Nova Pobreza. *FGV Social*, 21 págs., Rio de Janeiro, RJ – junho/2022 - FGV Social. (inclui anexo com atlas de pobreza em separado) Recuperado de https://cps.fgv.br/MapaNovaPobreza

Nórte, C. E. &; Jacó-Vilela, A. M. (Coord. editorial) EDIÇÃO #08 – Novembro 2020. *Boletim IP*, Instituto de Psicologia, Uerj. Recuperado de http://www.psicologia.uerj.br/pdf/boletim-novembro-20.pdf

Nórte, C. E. &; Jacó-Vilela, A. M. (Coord. editorial) EDIÇÃO #02 – Abril 2020. *Boletim IP*, Instituto de Psicologia, Uerj. Recuperado de http://www.psicologia.uerj.br/pdf/boletim_abril_2020.pdf

Organização Mundial das Nações Unidas (ONU), grupo de trabalho sobre juventude da Plataforma de colaboração Regional para a América Latina e o Caribe. (2021) *Pesquisa das Nações Unidas sobre Juventudes da América Latina e do Caribe no Contexto da Pandemia de COVID-19* (LC / TS. 2021/68), Santiago, Nações Unidas. Recuperado de https://brazil.unfpa.org/sites/default/files/pub-pdf/pesquisa_juventudes_contexto_covid-19_web_0.pdf

Seidl-de-Moura, M. L. (2021) Ciência e Psicologia Social em Tempos de Pandemia: 30 Anos do PPGPS/UERJ *Estudos e Pesquisas em Psicologia*2021, Vol. 03. doi: 10.12957/epp.2021.62740ISSN 1808-4281 (online version)

Recuperado de https://www.e publicacoes.uerj.br/index.php/revispsi/article/

view/62740/39428

Serviço de Psicologia Aplicada IP Uerj (2022). SPA - Serviço de Psicologia Aplicada Disponível em: http://www.psicologia.uerj.br/SPA.html.

Uerj, Diretoria de Comunicação. (2020) Uerj inicia Período Acadêmico Emergencial com aulas e atividades remotas garantidas pelo Plano de Inclusão Digital. 14 de setembro de 2020. Recuperado de https://www.uerj.br/noticia/uerj-inicia-periodo-academico-emergencial-com-aulas-e-atividades-remotas-garantidas-pelo-plano-de-inclusao-digital/

Uerj, Diretoria de Comunicação. (2021) Uerj integra plano de ações conjuntas de enfrentamento à Covid-19 nas favelas do Rio de Janeiro. 02 de março de 2021. Recuperado de https://www.uerj.br/noticia/uerj-integra-plano-de-acao-contra-a-covid-19-nas-favelas-do-rio-de-janeiro/

Yazbek, M.C.; Raichelis, R.; Sant'Ana, R. (2020) Questão social, trabalho e crise em tempos de pandemia. Serviço Social & Sociedade, São Paulo, n. 138, p. 207-213, maio/ago. 2020 207 https://doi.org/10.1590/0101-6628.209.

Capítulo 4

Metaverso – Aproximações Teóricas e Empíricas para a Realização de Pesquisas

Dirceu Gama[1e3], Bianca Gama Pena[2] e Lamartine DaCosta[3]
[1]Instituto de Educação Física e Desporto – IEFD - UERJ
[2]Instituto de Matemática e Engenharia (IME) e INOVUERJ – UERJ
[3] Programa de Pós-Graduação em Ciências do Exercício e do Esporte - PPGCEE

A presente contribuição foi originalmente concebida com vistas à realização operacional de pesquisas na chamada área de Metaverso ainda em construção em seus detalhes, porém em expansão importante e acelerada em razão de um grande potencial em suas aplicações e inovações tecnológicas. De fato, a temática do Metaverso tornou-se atrativa por ser geralmente interpretada como um desdobramento da Internet com promissores avanços tecnológicos.

Sendo um tema ainda sujeito a experimentações diversas e por vezes inconclusivas, as definições do Metaverso permanecem incompletas e frequentemente especulativas. Nestas circunstâncias, uma consulta pertinente para estabelecer pontos de partida refere-se ao recente Relatório da Consultoria McKensey sobre o tema em questão por ser uma fonte de expertise reconhecida e de ampla abrangência em levantamentos internacionais (Elsmary et al., 2022, p. 4 - 9).

Neste estudo em referência confirma-se que as experimentações tecnológicas em Metaverso **têm** se justificado pela hipótese de constituir um passo adiante na Internet. Porém, as experimentações fundadas em proposições Metaverso apresentam-se, sobretudo, como um meio de vendas ou de publicidade, um ambiente de ensino e aprendizagem, uma ferramenta de treinamento gerencial, uma plataforma de games entre várias outras aplicações. Adicionalmente, por outras fontes não orientadas prioritariamente para negócios – característica típica do Relatório McKensey -, o Metaverso tem chamado atenção mais pelo lado do sentido virtual que a realidade pode se apresentar dando existência a realidades alternativas.

Neste ponto de convivência de duas realidades, não necessariamente excludentes, tem residido o foco dos interesses da pesquisa acadêmica como se pode apreciar em Mystakidis (2022), atuante na área de Ciências Naturais da Universidade de Patras (Grécia). Nesta fonte, o Metaverso define-se como uma composição de realidade física (AR) com realidade virtual (VR) recriadas num ambiente digital que permite interações multissensoriais entre pessoas e objetos.

Trata-se, em resumo, de uma mistura de realidades (XR) criadora de ambientes digitais (softwares) regulados por tecnologias imersivas (hardwares) tais como óculos, capacetes, smartphones, sensores, simuladores etc. Como resultado, originam-se "conteúdos" do Metaverso, exemplificados por modelos da construção civil, design de produtos, ações de marketing, projetos de arquitetura, venda de produtos em ambientes de games etc. (Elsmary, 2022, p. 33 – 34). Tais experiências, todavia considerando o levantamento McKensey, simplesmente dobraram de valor em termos de investimento de empresas em escala internacional entre 2021 e 2022, alcançando USD 120 bilhões. Este notável incremento permitiu estimar uma cifra igual a USD 5 trilhões como investimentos das empresas no Metaverso em 2030 dando-lhe destaques financeiro, comercial e sociocultural (Ibidem, p. 7).

Em termos de investimento, o mesmo levantamento listou as cinco áreas de maior interesse empresarial em 2022: campanhas de marketing, iniciativas de aprendizagem e de treinamento, organização de reuniões e encontros, eventos e conferências, e design de produtos. Do lado dos consumidores, no mesmo período, os maiores interesses foram relações e eventos sociais, entretenimento, games, viagens e vendas de produtos (Ibidem, p. 7).

Passando o foco de revisão da literatura sobre o Metaverso para outro referido à realização de pesquisas, cabe acompanhar o artigo de produção acadêmica de

Lee et al. (2021) reunindo autores da China, Coreia do Sul, Finlândia e Reino Unido, cujas abordagens incidem nas condições operacionais de investigações na temática da presente contribuição.

Após exame de 711 artigos e textos técnicos diversos com abordagens na temática de Metaverso, esses autores optaram como ponto de partida de pesquisas neste ambiente experimental a interpretação de ecossistema tecnológico para as composições XR. Em outras palavras, Lee et al (2021) concluíram que uma agenda válida de pesquisas na nova área de Metaverso incidiria na existência de um conjunto de relações interativas incluindo pessoas e objetos delimitadas no tempo e no espaço e produzidas por instrumentação tecnológica. Nesta delimitação viabilizada por softwares digitais atuariam os hardwares tendo como produtos finais os chamados conteúdos do Metaverso.

Em que pese desafios de integração das soluções Metaverso no mundo real, a fonte em questão considera a visão integradora do ecossistema com tecnologias operacionais o caminho a ser trilhado pela pesquisa e pelos debates sobre a realidade paralela ora em construção em distintos setores da convivência humana. Este foco de produção de conhecimentos, desenvolvimento e inovação ajusta-se naturalmente aos conteúdos do Metaverso como igualmente ao instrumental tecnológico que lhes dão origem na busca de caraterizações e funcionalidade (Ibidem, p. 43 – 47).

Assim dispostas as definições de base, o presente estudo aborda em condições preliminares, em teoria e prática, possibilidades de realização de pesquisas na temática do Metaverso. Com este objetivo segue-se uma seção com dados de aproximação do uso de hardware habilitado para o Metaverso como também outra seção complementar em que se discute teoricamente a elaboração de pesquisa nesta ambientação mencionada.

Sondagem para Realização de Pesquisas em Metaverso

O reconhecimento na prática de experiências e de realização de pesquisas na área em apreciação e no âmbito de alcance dos autores do presente estudo, refere-se ao eMuseu do Esporte, projeto incubado na Universidade do Estado do Rio de Janeiro – UERJ. A esta entidade museológica foi agregado um segmento experimental sob a denominação de "Carreta Itinerante", uma unidade móvel organizada para exibições virtuais em holografia e 3D incluindo um ambiente Metaverso. Nesta estrutura básica teve lugar um projeto piloto de viabilidade de ecossistema tecnológico XR cuja descrição e operacionalização encontra-se em Pena & Da-Costa (2022).

Em resumo, a unidade móvel percorreu nove localidades entre dezembro de 2021 e fevereiro de 2022 no Estado do Rio de Janeiro dando acesso nestas visitas a habitantes locais – incluindo escolares e pessoas com deficiência física – a tecnologias de simulação de esportes ofertados de acordo com Confederações esportivas parceiras. O objetivo neste arranjo incidiu no registro de reações dos participantes tendo em vista possibilidades de aprendizagem e motivação para adesão às práticas esportivas postas em ofertas.

Os simuladores postos em acesso para os visitantes na Carreta Itinerante representaram imersões virtuais de surfe, natação, ciclismo, skate, basquetebol e outras segundo informa o gráfico 2, as quais se revelaram aceitáveis e motivadores para práticas futuras.

Segundo pesquisa realizada na edição mencionada, dados preliminares, ainda não publicados, foram coletados com 510 usuários por meio de autopreenchimento. O questionário foi composto de 17 questões, sendo elas quantitativas e qualitativas para obtenção de dados demográficos, atividade preferida, conhecimento sobre sustentabilidade, conhecimento sobre tecnologia 3D, atividade física, satisfação com as atividades e satisfação com acessibilidade.

Foi constatado que as atividades preferidas dos usuários foram os 3 simuladores, sendo a ordem de maior prevalência das respostas, o simulador de skate (255), o de surfe (105) e o de ciclismo (30). O gráfico 1 mostra a inferência de cada atividade da carreta.

Gráfico 1. Atividade preferida

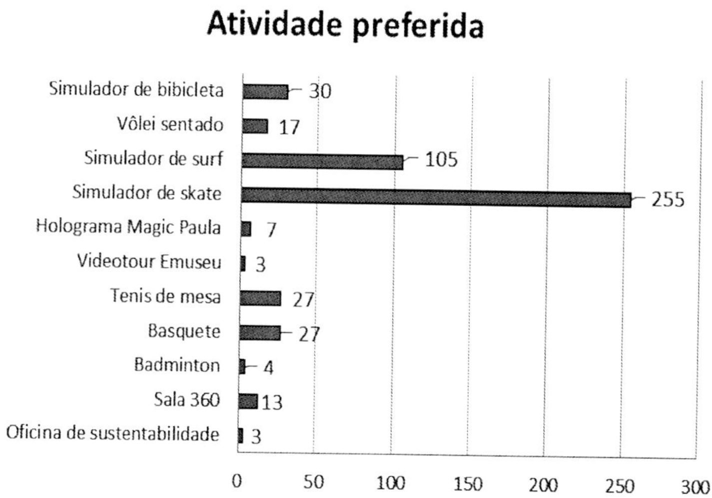

Outro resultado significativo é que 75% dos usuários nunca tinham tido qualquer experiência com esporte em 3D antes da vivência na carreta, conforme apresentado no gráfico 2.

Gráfico 2: Vivência de esporte em 3D

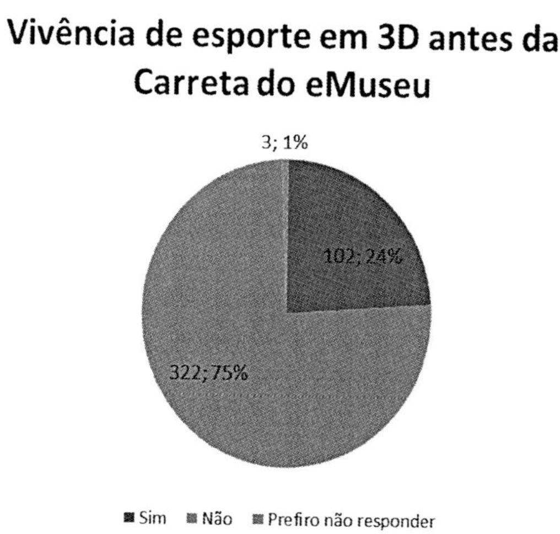

Roteiro de Realização de Pesquisa em Metaverso

Observado o fator reação favorável de coadjuvantes aos simuladores tanto quanto ao ecossistema Carreta Itinerante, o projeto Metaverso do eMuseu do Esporte entra agora numa fase mais operacional e efetiva diante da expectativa de se criar conteúdos educacionais esportivos.

Assim proposto, o Anexo 1 do presente estudo exibe uma listagem de simuladores mais avançados, capazes de facilitar a criação de um ecossistema de maior significado XR. Por sua vez, o Anexo 2 traz o conhecimento de questionário habilitado a avaliar o conteúdo das relações Metaverso resultantes da nova combinação AR e VR ora em planejamento em novas visitas da Carreta Itinerante a serem localizadas no Estado de Minas Gerais.

Com efeito, cabe salientar que a oportunização de imersões em ambientes XR com finalidades de cunho educacional e esportiva, algo que vêm despontando como atividade recorrente do eMuseu do Esporte através do projeto "Carreta Itinerante", remete a um quadro conceitual mais amplo de problematização interdisciplinar da natureza das respostas do corpo em ambientes digitalizados. A propósito, Dwivedi et al. (2022, p. 36) atentam para essa questão ao emitirem o seguinte parecer em se tratando do Metaverso: "The use of metaverse in education leads to a discussion on how (...) virtual worlds (...) can (...) accurately simulate real (...) experiences, which can be further informed using multimodal sensory data."

A colocação de Dwivedi et al. (2022, p. 36) permite assim afirmar que o clássico tema filosófico da experiência humana e dos seus fatores condicionantes, enquanto fundamentos do Ser-no-mundo, ressurge no ainda embrionário debate contemporâneo sobre os desdobramentos pedagógicos do Metaverso. Em tese, a premissa implícita no "alerta" de Dwivedi et al. (Op. Cit.) é a de que o tema da corporeidade deve ser revisitado no horizonte da nova conjuntura que se abre.

Por outro lado, a categorização das experiências corporais constituídas em ambientes simulados de compartilhamento de informações consiste em objeto de estudo fulcral da corrente do pensamento filosófico contemporâneo denominada de Filosofia Experimental (Alexander, 2012). Esta abordagem, por seu turno, concilia-se com a extensa revisão de Lee et al. (2021, p. 5) sobre o Metaverso na qual admite-se interdisciplinaridade variada caso faça parte de ecossistemas construídos.

A Filosofia Experimental erige-se sobre o pressuposto segundo o qual a consciência é um fenômeno corporal complexo, cujo estudo não deve prescindir da articulação de métodos envolvendo instrumentos da Psicologia clássica (Escalas, Inventários e Questionários em primeira pessoa); das Neurociências (EEG, RMNf); e da Ciência da Informação (Modelações Informacionais) (Bickle, 2019). No entanto, em função do seu enraizamento epistêmico na Filosofia da Mente e na Fenomenologia de orientação biológica, o recurso à teorização filosófica radical representa o cerne da fundamentação conceitual da Filosofia Experimental, com destaque para as teorias Enativistas inspiradas em Martin Heidegger; Maurice Merleau-Ponty; John Searle; Maturana e Varela (Gomes, 2019).

Particularmente, malgrado os instrumentos contidos no Anexo 2 remeterem à tradição paradigmática de pesquisa em Psicologia do Sujeito, eles vêm sendo utilizados com relativa frequência no campo da Filosofia Experimental para se mapear informações sobre como: 1) o indivíduo autoavalia-se na qualidade de "persona"; 2) mensura a qualidade das suas reações aos estímulos da "mundanidade", parafraseando Heidegger; 3) que tipo de sensações são desencadeadas nas realidades computacionais lúdicas com sentido agonístico. Informações deste escol configuram-se como dados de valia para análises da constituição subjetividade esportiva em contextos de RX.

A médio prazo, pesquisas com tal perfil, acrescidas com dados fornecidos pelas técnicas da Neurociência e Ciência da Informação, viabilizam a estruturação daquilo que seriam uma ontologia e uma epistemologia dos comportamentos lúdico-agonistas no Metaverso. Não custa recordar que, desde Kant, o percurso que vai da ontologia à epistemologia corresponde à rota do conhecimento emancipatório (Lebrun, 1993), uma interpretação também conciliadora com a tipificação do Metaverso em interdisciplinaridade e ecossistema antes aqui aventada.

Em síntese, soa lícito asseverar que o eMuseu se institui como um ecossistema inovador no campo educacional e das práticas esportivas porquanto as tecnologias de XR disponibilizadas no segmento "Carreta itinerante" ensejam a configuração de objetos formais e materiais de pesquisa inéditos quanto aos ecossistemas em construção ou pesquisados. Portanto, em se tratando de projetos de investigação em uma Filosofia Experimental com recortes esportivos e educacionais, as seguintes interrogações emergem de per si:

I. Quais cenários para o ensino-aprendizado de valores e competências relacionadas à motricidade humana, não disponíveis no mundo real, serão potencializados pelas incursões esportivas no Metaverso?

II. Os métodos pedagógicos empregados nas sinergias usuais entre plataformas digitais e ambientes físicos serão redesignados com que matizes no Metaverso com características esportivas?

III. Constituir-se-á o Metaverso como um setor de lazer esportivo?

IV. Que sorte de feedbacks corporais provindos da imersão esportiva no Metaverso servirão de indicativos sobre a natureza das vivências ocorridas nas tessituras do ecossistema submetido à pesquisa?

V. As experiências pedagógicas esportivas efetivadas em RX redundarão em que tipo de métricas avaliativas? Quais as possíveis disciplinas diante das demandas educacionais e esportivas no Metaverso?

VI. Que equipamentos, treinamentos e qualificação docente o metaverso com possibilidades esportivas suscitará?

VII. Ainda sem horizontes de respostas, as interrogações listadas despertam a importância de projetos pilotos de estudo comprometidos em efetivá-las.

Referências Bibligráficas

Alexander, J. (2012). Experimental Philosophy: An Introduction. Cambridge, UK: Polity Press.

Bickle, J. (2019). Lessons for experimental philosophy from the rise and "fall" of neurophilosophy. Philosophical Psychology, 32(1), 1-22.

Dwivedi, Y. K., Hughes, L., Baabdullah, A. M., Ribeiro-Navarrete, S., Giannakis, M., Al-Debei, M. M.,... & Wamba, S. F. (2022). Metaverse beyond the hype: Multidisciplinary perspectives on emerging challenges, opportunities, and agenda for research, practice and policy. International Journal of Information Management, 66, 102542.

Elmasry, T., Khan, H., Yee, L. Hazan, E., Kelly, G., Zemmel, R. W. & Shivam, S. (2022) Value Creation in the Metaverse. McKensey Report 2022: McKensey & Company. Disponível em: www.mckinsey.com/capabilities/growth-marketing-and-sales/our-insights/value-creation-in-the-metaverse

Gomes, R. B. B. (2019). Enativismo e conhecimento prático. Griot: Revista de Filosofia, 19(3), 12-22.

Lebrun, G. (1993). Kant e o Fim da Metafísica. São Paulo: Martins Fontes.

Mystakidis, S. (2022) Metaverse. Encyclopedia 2022, vol. 2, p. 486–497. Disponível em https://doi.org/10.3390/ encyclopedia2010031

Lee, L-H., Braud, T., Zhou, P., Wang, L., Xu, D., Lin, Z., Kumar, A., Bermejo, C. & Hui, P. All One Needs to Know about Metaverse: a Complete Survey on Technological Singularity, Virtual Ecosystem and Research Agenda. Journal of Latex Class Files, Volume 14, no. 8, Sept. 2021, p. 1 – 66. Disponível em: https://researchportal.helsinki.fi/en/publications/all-one-needs-to-know-about--metaverse-a-complete-survey-on-techno

Pena, B.G. & DaCosta, L. (2022). A Carreta Itinerante do eMuseu do Esporte. Rio de Janeiro: eMuseu do Esporte. Disponível em: https://www.emuseudoesporte.com.br/br/home

Anexo 1

Descrição dos Simuladores da Carreta Itinerante – Fase Mg

Simulador de Caiaque

Funcionamento

O simulador conta com um caiaque realístico com espaço para duas pessoas simultaneamente, dois remos, dois óculos (ligados entre si e acionados por um teclado vinculado a um computador) e uma base com dois motores hidráulicos que permitem que a atração se movimente conforme o vídeo.

Os óculos reproduzem um vídeo 360º que simula a descida de caiaque em um riacho bastante movimentado.

O vídeo possui 1,10 min de duração e toda a experiência é realizada em primeira pessoa, ou seja, o usuário é o próprio protagonista da ação.

O usuário precisa se equilibrar e realizar as manobras proporcionadas pelo ambiente virtual.

Características:

- Altura: 1,10 m;
- Comprimento: 3,11 m;
- Largura: 0,95 m;
- Capacidade máxima: 02 pessoas;
- Quantidade de óculos: 02;
- Marca dos óculos: Oculus;
- Modelo dos óculos: oculosGo Standalone VR mi;
- Capacidade de armazenamento: 32GB;
- Processador:
    - Software utilizado: Sistema próprio da Oculus;
    - Local de encontro do vídeo imersivo: YouTube;
    - Composição do simulador:

- Caiaque De Pesca Duplo Brudden Náutica Explorer Fishing camuflado de 2 lugares, ;
- Plataforma móvel com 2 motores hidráulicos;
- 2 remos;
- 2 Oculos que são conectados ao sistema do caiaque;
- Computador com placa integrada e sistema elétrico independente e controla os movimentos do mesmo de acordo com o vídeo proposto
- Sistema de Videomapping nas 3 paredes da sala composto por:
  - 2 Projetores BENQ de ultracurta distância modelo MW855UST;
  - 1 Projetor BENQ de curta distância MX825ST;
  - Computador Dell Inspiron 14 (P74G);
  - Sistema de som imersivo da nuvik nvk-25.

A atividade possui audiodescrição para os deficientes visuais.

Foto da atividade:

Link para visualização da experiência, para visualização do vídeo do óculos e para a audiodescrição: https://drive.google.com/drive/u/1/folders/1XAN6jx1FkuXW0YVsQoSTyuUykR3HOydw

Simulador de Snowboard

Funcionamento

O sistema emula a descida de snowboard através de um vídeo 360º reproduzido pelos Óculos com sons e imagens extremamente realistas. Para a imersão ser ainda mais completa, o sistema conta com um snowboard profissional acoplado a uma plataforma através de duas molas que proporcionam movimentações reais aos usuários.

A plataforma é em mdf de 1,20m x 0,80m com acabamento em piso emborrachado e marcadores de segurança, acoplada a uma barra de segurança de ferro.

A prancha profissional de snowboard vem com 1 par de botas de fixação ajustáveis e possui um sistema de molas que simula os movimentos reais da atividade ao ar livre.

Os óculos usados são go all in one vr headset 64gb e possui o vídeo em 360º armazenado em sua memória interna, sendo esse selecionado da plataforma youtube e editado para a visualização segundo os padrões para realidade virtual.

O vídeo possui 1,10 min de duração e toda a experiência é realizada em primeira pessoa, ou seja, o usuário é o próprio protagonista da ação.

O simulador ainda acompanha uma tv de 42", fixada em um suporte de parede que mostra ao espectador externo a mesma visão que o usuário está tendo, cativando-o ainda mais a desfrutar da experiência.

O usuário precisa se equilibrar e realizar as manobras proporcionadas pelo ambiente virtual.

Características:

- Altura: 1,34 m com barra de segurança / 0,14 m sem barra de segurança;
- Largura: 0,70 m;

- Capacidade máxima: 01 usuário por vez;
- Quantidade de óculos: 01;
- Marca dos óculos: Oculus;
- Modelo dos óculos: Oculus Go Standalone VR mi;
- Capacidade de armazenamento: 32GB;
- Software utilizado: Sistema próprio do Oculos;
- Local de encontro dos vídeos: YouTube;
- Composição do simulador:
    - Plataforma em MDF de 1,20M X 0,80M com acabamento em piso emborrachado, barra de suporte e marcadores de segurança;
    - Prancha profissional de snowboard;
    - 1 par de botas de fixação com regulagem para os pés;
    - 1 Oculos Go.

A atividade possui audiodescrição para os deficientes visuais.

Foto da atividade:

Link para visualização da experiência, para visualização do vídeo do óculos e para a audiodescrição: https://drive.google.com/drive/u/1/folders/1eCYeoc0voIGePGwpnF4NHzlh8KBLiVyf

Simulador de Arco e Flecha

Funcionamento

Esse simulador usa inteiramente os acessórios dos óculos para a reprodução dos jogos pré-instalados no PC, possibilitando o uso de diversos simuladores.

Todo o sistema está ligado à plataforma de jogos virtuais steam e possui 3 modalidades sendo essas o arco e flexa, o badminton e o tênis de mesa, armazenado em sua memória interna, de forma que não dependam de uma conexão com a internet.

O usuário precisa acertar o alvo usando sua mira.

Além disso, toda a experiência pode ser desfrutada pelos espectadores externos sendo esta projetada em um projetor benq de curta distância mx 825st.

Características:

- Marca dos óculos: HTC;
- Modelo dos óculos: HTC Vive;
- Software utilizado: Windows (SteamVR);
- Loja dos apps: Steam;
- Capacidade de armazenamento: Limitado ao armazenamento do computador;
- Composição do simulador:
    - 2 Joystick;
    - 2 sensores de movimento;
    - 1 Óculos HTC VIVE;
    - 1 Computador para rodar os jogos.
- Configurações do PC auxiliar:
  - Processador: Intel core i5 3470 @ 3.20 GHz;
  - Memória: 8.00 GB;
  - Sistema operacional: Windows 10
  - Arquitetura do PC: 64 bits;

- HD: 222GB.
- Área máxima de jogo: 2,20 x 1,10 m

A atividade possui audiodescrição de forma consecutiva para os deficientes visuais.

Foto da atividade:

Link para visualização da experiência: https://drive.google.com/drive/u/1/folders/17zjvOZKsJzvGx9aKHaC3K11aoiJgYzkE

Anexo 2

Questionário Sociodemográfico Para Uso No Metaverso

IDADE:
GÊNERO:
RENDA FAMILIAR:
ESCOLARIDADE:

( ) Menos de 2 salários mínimos
( ) Entre 2 e 4 salários mínimos
( ) Entre 4 e 6 salários mínimos
( ) Entre 6 e 8 salários mínimos
( ) Entre 8 e 10 salários mínimos
( ) Acima de 10 salários mínimos

Pavlovian Temperament Survey

Instruções

Os itens deste questionário referem-se a vários aspectos do temperamento: a maneira como as pessoas reagem aos eventos cotidianos. Não há respostas certas ou erradas; Cada tipo de temperamento tem suas vantagens. As respostas para este questionário serão usadas apenas para fins de pesquisa.

Portanto, é muito importante que você responda honestamente. Por favor, vá respondendo sem voltar atrás, sem olhar para as respostas anteriores. Tente se descrever honestamente, pensando em como você é, não como você gostaria de ser. Talvez você possa responder mais facilmente quando comparado com outras pessoas do mesmo sexo e, mais ou menos, da mesma idade.

Naturalmente, sua maneira de se comportar e suas opiniões mudam de situação para situação, mas tente descrever seu jeito de ser habitual, o que você normalmente faz ou o que costuma pensar. Para responder a este questionário você deve decidir se você concorda totalmente, concorda, discorda ou discorda totalmente com o conteúdo de cada frase aplicada.

Utilize a seguinte escala de resposta:

(1)	(2)	(3)	(4)
Discordo Totalmente	Discordo	Concordo	Concordo Totalmente

Viver sob grande estresse me deixa facilmente atordoado.
(1) (2) (3) (4)

Sou uma pessoa que reluta em correr grandes riscos.
(1) (2) (3) (4)

Quando algo me preocupa ou me emociona, acho muito difícil fazer as coisas que eu havia planejado.
(1) (2) (3) (4)

Eu posso mudar rapidamente de um trabalho para outro.
(1) (2) (3) (4)

Não sou capaz de mudar de emoção para outra.
(1) (2) (3) (4)

Acho fácil me adaptar a mudanças repentinas no meu cronograma de trabalho.
(1) (2) (3) (4)

Gosto de ver que sou capaz de fazer várias coisas ao mesmo tempo.
(1) (2) (3) (4)

Eu não gosto de tomar decisões que possam ter consequências graves.
(1) (2) (3) (4)

Não tenho nenhum problema em alternar rapidamente de uma atividade para outra.
(1) (2) (3) (4)

Acho fácil controlar meus sentimentos quando parece que o controle é a coisa certa a fazer.

(1) (2) (3) (4)

Meu trabalho é menos eficaz quando há muito tumulto.

(1) (2) (3) (4)

Eu não suporto que me peçam para fazer outra coisa quando estou lendo ou escrevendo.

(1) (2) (3) (4)

Fico chateado quando tenho que trabalhar em condições barulhentas.

(1) (2) (3) (4)

Adapto-me rapidamente quando mudo de emprego.

(1) (2) (3) (4)

Quando eu sei que é necessário, é fácil para mim, parar de assistir TV ou sair da Internet.

(1) (2) (3) (4)

É muito difícil para mim, conter minha irritação, mesmo quando necessário.

(1) (2) (3) (4)

Gosto de trabalhos que exijam que me adapto a diversas atividades.

(1) (2) (3) (4)

As más notícias me deixam tão chateado que não consigo me concentrar no trabalho.

(1) (2) (3) (4)

As más notícias me deixam tão chateado que não consigo me concentrar no trabalho.

(1) (2) (3) (4)

Quando eu encarrego alguém para fazer um trabalho, é muito difícil para mim, esperar até que esteja terminado.

(1) (2) (3) (4)

Acho fácil fazer muitas coisas diferentes, uma após a outra.

(1) (2) (3) (4)

Prefiro ler o jornal com o rádio ligado.

(1) (2) (3) (4)

No trabalho, faço uma pausa antes do planejado porque imediatamente começo a pensar nas coisas que vou fazer durante esse tempo.

(1) (2) (3) (4)

Um plano se tornar perigoso me parece uma boa razão para abandoná-lo.

(1) (2) (3) (4)

A fadiga muitas vezes me leva a cometer erros.

(1) (2) (3) (4)

Tenho dificuldade em me adaptar a novos ambientes.

(1) (2) (3) (4)

Acostumo-me rapidamente a novos lugares, mesmo que fique apenas alguns dias.

(1) (2) (3) (4)

Eu amo os desafios que vêm com os projetos arriscados.

(1) (2) (3) (4)

Acho fácil alternar uma atividade com outra muito diferente.

(1) (2) (3) (4)

É fácil para mim, adiar algo até a hora de fazê-lo.
(1) (2) (3) (4)

Evito barulhos quando estou lendo.
(1) (2) (3) (4)

Perco a paciência quando não posso começar a comer porque estou esperando os outros.
(1) (2) (3) (4)

Rapidamente me acostumo com as novas condições de trabalho.
(1) (2) (3) (4)

Eu posso facilmente passar de bobo e divertido para assuntos sérios.
(1) (2) (3) (4)

Quando fico com muita raiva, não consigo colocar meus pensamentos em ordem.
(1) (2) (3) (4)

Às vezes, acho difícil parar de conversar mesmo sabendo que tenho outras coisas para fazer.
(1) (2) (3) (4)

Eu posso me sentir imediatamente em casa em lugares desconhecidos.
(1) (2) (3) (4)

Se necessário, posso me conter e não expressar minha opinião, mesmo sabendo que estou certo.
(1) (2) (3) (4)

Adapto-me rapidamente às mudanças organizacionais no trabalho.
(1) (2) (3) (4)

Cometo erros quando estou sob estresse.
(1) (2) (3) (4)

Sou capaz de resistir à tentação e não escutar a conversa de outra pessoa.
(1) (2) (3) (4)

Eu posso manter a calma quando necessário.
(1) (2) (3) (4)

Eu organizo rapidamente em caso de uma visita inesperada.
(1) (2) (3) (4)

Não gosto de falar em público.
(1) (2) (3) (4)

Sou capaz de me controlar quando tenho um comentário impertinente na ponta da língua.
(1) (2) (3) (4)

É muito difícil para mim, controlar minha curiosidade quando tenho a oportunidade de olhar as coisas ou anotações de alguém.
(1) (2) (3) (4)

Eu posso agir razoavelmente mesmo quando estou trabalhando em um ambiente agitado.
(1) (2) (3) (4)

A fadiga toma conta de mim depois de um dia cansativo.
(1) (2) (3) (4)

Acho muito chato ter decidido fazer algo e não poder fazê-lo por algum motivo.
(1) (2) (3) (4)

Me chateia bastante as mudanças inesperadas na minha rotina.
(1) (2) (3) (4)

Tenho dificuldade em deixar os outros terminarem o que estão dizendo.
(1) (2) (3) (4)

Um imprevisto perigoso indicaria que eu não devo continuar com o que estou fazendo.
(1) (2) (3) (4)

Preciso de muito tempo para passar da tristeza à alegria.
(1) (2) (3) (4)

Não posso ir da tristeza à alegria em um momento, mesmo que seja a coisa certa a fazer.
(1) (2) (3) (4)

Quando sinto vontade de me divertir de verdade, fico impaciente demais para esperar pelos outros.
(1) (2) (3) (4)

Em viagens longas eu preciso parar e descansar.
(1) (2) (3) (4)

As pessoas notam facilmente meus desgostos, mesmo que eu tente escondê-los.
(1) (2) (3) (4)

O perigo inesperado não me desencoraja.
(1) (2) (3) (4)

Acho difícil parar de fazer algo que estou gostando (por exemplo, assistir TV), mesmo que os outros me peçam.
(1) (2) (3) (4)

É difícil para mim, interromper algo que estou fazendo, mesmo que alguém me peça.

(1) (2) (3) (4)

Tenho dificuldade em ajustar o meu ritmo de trabalho ao de outra pessoa.

(1) (2) (3) (4)

Adoro conversar com muitas pessoas ao mesmo tempo.

(1) (2) (3) (4)

Sou capaz de ler em silêncio, mesmo quando há crianças gritando ao redor.

(1) (2) (3) (4)

Quando sei que é necessário, é fácil deixar de fazer algo que amo.

(1) (2) (3) (4)

Se estou de mau humor e saio com pessoas otimistas, rapidamente esqueço minha raiva e aproveito a companhia delas.

(1) (2) (3) (4)

Se acho que os outros estão me analisando, fico tenso e perco a confiança em fazer bem o que estou fazendo.

(1) (2) (3) (4)

Inventário dos Cinco Grandes Fatores de Personalidade
Instruções

A seguir encontram-se algumas características que podem ou não lhe dizer respeito.

Por favor, escolha um dos números na escala abaixo que melhor expresse sua opinião em relação a você mesmo e anote no espaço ao lado de cada afirmação. Vale ressaltar que não existem respostas certas ou erradas.

Utilize a seguinte escala de resposta:

1	2	3	4	5
Discordo Totalmente	Discordo	Nem concordo, nem discordo	Concordo	Concordo Totalmente

Eu me vejo como alguém que...

_____01. É conversador, comunicativo.
_____02. Às vezes é frio e distante.
_____03. Tende a ser crítico com os outros.
_____04. É minucioso, detalhista no trabalho.
_____05. É assertivo, não teme expressar o que sente.
_____06. Insiste até concluir a tarefa ou o trabalho.
_____07. É depressivo, triste.
_____08. Gosta de cooperar com os outros.
_____09. É original, tem sempre novas ideias.
_____10. É temperamental, muda de humor facilmente.
_____11. É inventivo, criativo.
_____12. É reservado.
_____13. Valoriza o artístico, o estético.
_____14. É emocionalmente estável, não se altera facilmente.

____15. É prestativo e ajuda os outros.
____16. É, às vezes, tímido, inibido.
____17. Pode ser um tanto descuidado.
____18. É amável, tem consideração pelos outros.
____19. Tende a ser preguiçoso.
____20. Faz as coisas com eficiência.
____21. É relaxado, controla bem o estresse.
____22. É facilmente distraído.
____23. Mantém-se calmo nas situações tensas.
____24. Prefere trabalho rotineiro.
____25. É curioso sobre muitas coisas diferentes.
____26. É sociável, extrovertido.
____27. É geralmente confiável.
____28. É, às vezes, rude (grosseiro) com os outros.
____29. É cheio de energia.
____30. Começa discussões, disputas com os outros.
____31. É um trabalhador de confiança.
____32. Faz planos e os segue a risca.
____33. Tem uma imaginação fértil.
____34. Fica tenso com frequência.
____35. É engenhoso, alguém que gosta de analisar profundamente as coisas.
____36. Fica nervoso facilmente.
____37. Gera muito entusiasmo.
____38. Tende a ser desorganizado.
____39. Gosta de refletir, brincar com as ideias.
____40. Tem capacidade de perdoar, perdoa fácil.
____41. Preocupa-se muito com tudo.
____42. Tende a ser quieto, calado.
____43. Tem poucos interesses artísticos.
____44. É sofisticado em artes, música ou literatura.

Inventário de Experiências do Jogador
Instruções

Este questionário pretende avaliar as sensações e impressões pessoais que você tem após participar de um jogo eletrônico. Sua função será avaliar os itens abaixo. Utilize a seguinte escala de resposta:

1	2	3	4	5
Discordo Totalmente	Discordo	Estou em Dúvida	Concordo	Concordo Totalmente

___ Eu me senti bem ao jogar este jogo.
___ Eu me senti um perfeito jogador durante o jogo.
___ Eu perdi a consciência de onde estava enquanto eu jogava.
___ Eu estava imerso no jogo.
___ Eu estava totalmente concentrado no jogo.
___ Eu me senti livre enquanto jogava este jogo.
___ Eu me senti livre para jogar o jogo à minha própria maneira.
___ Senti que tinha escolhas a respeito de como queria jogar este jogo.
___ Eu me sentia ansioso para descobrir como o jogo continuava.
___ Eu queria explorar a evolução do jogo.
___ Eu queria descobrir como o jogo progredia.
___ Eu achei o jogo fácil de controlar.
___ As ações para controlar o jogo estavam claras para mim.
___ Me era fácil saber que ações deveriam acontecer no jogo.
___ O jogo era desafiador, mas não muito.
___ O jogo não era muito fácil e nem era muito difícil de jogar.
___ Os desafios no jogo estavam no nível certo de dificuldade para mim.
___ O jogo deu feedbacks claros sobre como eu progredia em direção aos objetivos.
___ Eu podia facilmente avaliar como estava o meu desempenho no jogo.
___ O jogo me informou sobre como eu progredia.
___ Eu gostei da maneira como o jogo foi desenhado.

___ Gostei do visual e da sensação do jogo.
___ Apreciei a estética do jogo.
___ Os objetivos do jogo eram claros para mim.
___ Eu entendi o objetivo geral do jogo.

Capítulo 6

O Comportamento e a Percepção das Pessoas no Uso da Tecnologia Remota

Respostas aos Questionários das Funções de Professor, Gestor e Gerente (12 Questões) e Profissional Técnico e Aluno (21 Questões)

Franco Barese Espala Vieira, Leonardo Vieira Pessanha, Luiz Felipe da Silva Coutinho
Universidade do Estado do Rio de Janeiro, UERJ
Departamento de Inovação
Incubadora Tecnológica de Empreendimentos
Sociais e Cooperativas Sociais - ITECS

Introdução

Um dos efeitos imediatos provocados pela pandemia causada pelo vírus apelidado Covid-19 foi a necessidade de isolamento social. Este evento levou diversos segmentos de mercado a alterarem o modelo presencial de trabalho, instaurando o período em que muitos executaram suas atividades (pelo menos parcialmente) de forma remota.

A mudança no regime de trabalho trouxe consigo novos desafios e necessidade de adaptação. Dentre os diversos tipos de serviços e perfis profissionais, percebeu-se na sociedade diferentes reações ao trabalho remoto. Assim, entende-se ser importante estudos que ajudem a compreender as percepções das pessoas diante das mudanças impostas.

O presente projeto de pesquisa busca lançar luz sobre as questões surgidas com o evento da pandemia, o uso intenso e obrigatório da tecnologia. Foram avaliados diversos segmentos da sociedade e agentes que atuam na linha de frente de áreas como Tecnologia, Saúde, Educação, Esporte e Turismo.

Neste sentido, busca-se compreender aspectos como: quais as reações de profissionais que não têm mais horário de trabalho? Grande ou pequeno? Não bastam as entregas, pois logo surgem outras a serem desenvolvidas. Quais os limites do trabalho/família/sociedade/saúde física e mental? O ambiente da pandemia exige de cada pessoa comportamentos e atitudes bem diferenciados do que se costuma vivenciar.

A fim de iniciar estudos sobre o comportamento e a percepção de trabalhadores no uso da tecnologia para atividades remotas, foi realizada uma pesquisa que poderá contribuir com melhorias de projetos, ações e comportamentos.

A pesquisa usou dois questionários, cada um deles aplicado a diferentes funções (cargo). O primeiro possui 12 perguntas e é usado para as funções de Professor, Gestor e Gerente, enquanto o segundo possui 21 perguntas para as funções de profissional técnico e aluno. As respostas foram obtidas entre os meses de agosto e setembro de 2022.

Pesquisa

A pesquisa realizada busca compreender diversos aspectos das condições de trabalho em regime remoto e, em especial, questões referentes a percepção dos participantes quanto as alterações no formato e tempo de trabalho, no ambiente promovido pelo regime remoto e na capacidade tecnológica para executar o trabalho.

Questionários

Para execução da pesquisa, foram elaborados dois questionários distintos (ainda que possuam questões similares) a serem respondidos por dois diferentes grupos: um formado por professores, gerentes e gestores de instituições convidadas, e outro composto por profissionais técnicos alunos.

Os questionários foram elaborados na plataforma da Google (Google Forms), e enviados aos convidados via e-mail.

Questionário 1 – Profissional técnico e aluno – 21 perguntas

1. Qual a região da sua instituição?
2. Qual a sua faixa etária?
3. Qual o tamanho do corpo profissional da sua instituição?
4. Como se deu o trabalho presencial X remoto?
5. Quais os equipamentos disponibilizados pela empresa para o trabalho remoto?
6. Quais os equipamentos disponibilizados pelo funcionário, para o trabalho remoto?
7. Quais os benefícios nas condições para o trabalho remoto?
8. Quais os desafios nas condições para o trabalho remoto?
9. Qual a carga horária de trabalho remoto, considerando os contratos de 8 horas?
10. Houve alteração de contrato em compatibilidade com a carga horária para maior/menor?
11. Como se dá a capacitação em relação a sua carga horária contratual?
12. Como você define, no seu trabalho, o ambiente social e mental?
13. Qual o nível de monitoramento?
14. Qual o modelo de retorno do seu gestor no desenvolvimento do trabalho?
15. Qual a periodicidade do seu gestor no desenvolvimento do trabalho?
16. Qual o nível de inclusão ou mudança de rumo nos projetos pelo seu gestor no desenvolvimento do trabalho?
17. Como se realizam os relatórios periódicos de desempenho?
18. Qual a periodicidade dos relatórios periódicos de desempenho?
19. Como se realizam as propostas de melhorias levadas ao gestor?
20. Qual o nível de satisfação técnica com o trabalho remoto?
21. Qual o nível de satisfação pessoal com o trabalho remoto?

Questionário 2 – Professor, gestor e gerente – 12 perguntas

1. Qual a região da sua instituição?
2. Qual a sua faixa etária?
3. Qual o tamanho do corpo profissional da sua instituição?

4. Como se deu o trabalho presencial X remoto?
5. Qual a carga horária de trabalho remoto do funcionário, considerando os contratos de 8 horas?
6. Qual a carga horária de interação do funcionário com o gestor?
7. Como se dá a capacitação do funcionário em relação a sua carga horária contratual?
8. Como o gestor define, no trabalho, o ambiente social e mental do funcionário?
9. Qual o nível de monitoramento?
10. Qual o retorno do gestor no desenvolvimento do trabalho?
11. Como se realizam os relatórios periódicos de desempenho?
12. Como se realizam as propostas de melhorias?

Público-Alvo

A pesquisa realizada buscou abranger diversos segmentos de atuação profissional, em áreas de Tecnologia, Saúde, Educação, Esporte e Turismo. Neste sentido, foram convidados a responder os questionários diversos profissionais ligados à UERJ, tanto entre agentes internos (alunos, servidores e professores) quanto entre agentes externos (empresas incubadas e associações parceiras).

Entre aqueles que receberam convite encontram-se: docentes e discentes da UERJ, profissionais técnicos, empresas incubadas, associações de empresas júnior, participantes de eventos e cursos da UERJ, entre outros.

Aspectos Abordados

Conforme exposto anteriormente, é objetivo desta pesquisa identificar algumas percepções dos profissionais durante a atuação em regime de trabalho remoto. As perguntas formuladas visam destacar os seguintes aspectos.

Instituições e respondentes

As perguntas iniciais de ambos formulários indicam a origem e idade dos respondentes.

Carga horária

Ambos questionários apresentam perguntas referentes ao tempo disponibilizado para o trabalho remoto e às mudanças promovidas pela alteração no formato.

Acompanhamento do trabalho remoto

São abordadas as formas e o tempo disponibilizados pelos gestores no acompanhamento do trabalho remoto.

Capacitação

Busca-se observar a necessidade de usar tempo fora da carga horária para capacitação pessoal dos respondentes.

Ambiente de trabalho

Um dos principais aspectos avaliados é a percepção sobre o ambiente criado pela instituição do trabalho remoto.

Sugestões e melhorias

Avaliação sobre as formas de apresentação de sugestões em regime de trabalho remoto.

Capacidade tecnológica

O questionário para profissionais técnicos e alunos traz perguntas sobre a capacidade de infraestrutura disposta para a realização do trabalho remoto.

Mudanças no período remoto

O questionário para profissionais técnicos e alunos também levanta informações sobre a percepção dos respondentes sobre as condições psicológicas promovidas pelo trabalho remoto.

Análise dos Resultados

Diante das respostas aos questionários, parte-se para uma avaliação sobre os resultados, buscando compreender e descrever os indicativos encontrados.

Esta análise segue a classificação dos Aspectos abordados da seção anterior, trazendo uma interpretação sobre os resultados da pesquisa para cada ponto de interesse.

Instituições e Respondentes

Questionário 1	Questionário 2
1- Qual a região da sua instituição?	1- Qual a região da sua instituição?
2- Qual a sua faixa etária?	2- Qual a sua faixa etária?
3- Qual o tamanho do corpo profissional da sua instituição?	3- Qual o tamanho do corpo profissional da sua instituição?

As perguntas 1 a 3 de ambos questionários dizem respeito às instituições e aos respondentes. Os resultados mostram que quase a totalidade da amostra é proveniente de grandes instituições (>1000 funcionários) da região sudeste. Isto pode indicar, considerando o público-alvo da pesquisa realizada, que a maior parte dos participantes é de alunos e funcionários da UERJ.

Questionário 1 - Qual a regiao da sua instituição?

1- Qual a região da sua instituição?	
Região Sudeste	100%
Região Centro-Oeste	0%
Região Norte - Nordeste	0%
Região Sul	0%

Questionário 1 - Qual o tamanho do corpo profissional da sua instituição?

3- Qual o tamanho do corpo profissional da sua instituição?	
Empresa de grande porte - mais de 1000 funcionários	100%
Empresa de médio porte - de 200 até 999 funcionários	0%
Empresa de pequeno porte - de 50 até 199 funcionários	0%
Microempresa com menos de 50 funcionários	0%

Questionário 2 - Qual a região da sua instituição?

1- Qual a região da sua instituição?	
Região Sudeste	96%
Região Centro-Oeste	0%
Região Norte - Nordeste	0%
Região Sul	4%

Questionário 2 - Qual o tamanho do corpo profissional da sua instituição?

3- Qual o tamanho do corpo profissional da sua instituição?	
Empresa de grande porte - mais de 1000 funcionários	72%
Empresa de médio porte - de 200 até 999 funcionários	0%
Empresa de pequeno porte - de 50 até 199 funcionários	12%
Microempresa com menos de 50 funcionários	16%

Ainda, os resultados referentes às faixas etárias dos respondentes mostram grande variação nas funções de professor, gestor e gerente, enquanto nas funções de aluno e profissional técnico verifica-se a maioria estando abaixo dos 40 anos de idade.

Questionário 1 – Qual a sua faixa etária?

2- Qual a sua faixa etária?	
Mais de 60 anos	17%
De 50 a 60 anos	0%
De 41 a 49 anos	0%
Até 40 anos	83%

Questionário 2 – Qual a sua faixa etária?

2- Qual a sua faixa etária?	
Mais de 60 anos	36%
De 50 a 60 anos	24%
De 41 a 49 anos	20%
Até 40 anos	20%

Carga Horária

Questionário 1	Questionário 2
4- Como se deu o trabalho presencial X remoto?	4- Como se deu o trabalho presencial X remoto?
9- Qual a carga horária de trabalho remoto, considerando os contratos de 8 horas?	5- Qual a carga horária de trabalho remoto do funcionário, considerando os contratos de 8 horas?
10- Houve alteração de contrato em compatibilidade com a carga horária para maior/menor?	

Em ambos questionários, algumas perguntas puderam levantar o comportamento dos respondentes quanto a sua organização e distribuição da carga horária em regime de trabalho remoto. Como podem ser vistos nos resultados das questões 4 (de ambos questionários), grande parte dos respondentes atuou de forma híbrida (presencial e remota), enquanto outra parte considerável somente trabalhou de forma remota. Verifica-se a ausência de participantes atuando de forma integralmente presencial.

Questionário 1 - Como se deu o trabalho presencial X remoto?

4- Como se deu o trabalho presencial X remoto?	
Parte presencial igual a parte remota	0%
Parte presencial diferente da parte remota (variável)	67%
Totalmente remota	33%
Totalmente presencial	0%

Questionário 2 - Como se deu o trabalho presencial X remoto?

4- Como se deu o trabalho presencial X remoto?	
Parte presencial igual a parte remota	8%
Parte presencial diferente da parte remota (variável)	56%
Totalmente remota	36%
Totalmente presencial	0%

Sobre a carga horária efetiva de trabalho, os resultados das questões 5 (do questionário 1) e 9 (do questionário 2), mostram que a maioria dos respondentes executou uma carga de trabalho maior que 8 horas diárias. Apenas um terço daqueles que responderam à pesquisa informaram executar apenas as 8 horas diárias contratuais.

Questionário 1 - Qual a carga horária de trabalho remoto, considerando os contratos de 8 horas?

9- Qual a carga horária de trabalho remoto, considerando os contratos de 8 horas?	
Seu trabalho diário cumpre a carga horária de 8 horas contratuais.	33%
Seu trabalho diário cumpre a carga horária de até 10 horas.	17%
Seu trabalho diário cumpre a carga horária de 12 horas de trabalho.	17%
Seu trabalho diário cumpre a carga horária maior que 12 horas de trabalho	33%

Questionário 2 - Qual a carga horária de trabalho remoto do funcionário, considerando os contratos de 8 horas?

5- Qual a carga horária de trabalho remoto do funcionário, considerando os contratos de 8 horas?	
Cerca de 10% cumprem a carga horária de 8 horas, contratuais exatas.	36%
Entre 11% e 50% cumprem a carga horária de mais de 8 horas e de até 10 horas.	36%
Entre 51% e 80% cumprem a carga horária de mais de 10 horas e de até 12 horas.	24%
Cerca de 20% cumprem a carga horária maior que 12 horas de trabalho.	4%

Ainda, o questionário 1 levanta pergunta sobre possíveis alterações contratuais para a atuação em regime remoto. Os resultados mostram que apenas um terço dos participantes teve seu contrato de trabalho atualizado com base na atual carga horária (trabalha mais e ganha mais), enquanto o restante não obteve qualquer ganho extra pela quantidade de horas trabalhadas a mais.

Questionário 1 - Houve alteração de contrato em compatibilidade com a carga horária para maior/menor?

10- Houve alteração de contrato em compatibilidade com a carga horária para maior/menor?	
O contrato foi atualizado com base na atual carga horária. Trabalha mais e ganha mais.	33%
Não houve alteração contratual em compatibilidade com a carga horária. Trabalha um pouco mais e ganha o mesmo.	33%
A carga horária não é identificada pela empresa. Trabalha mais e ganha o mesmo.	17%
A carga horária não é compatível com o contrato. Trabalha-se muito mais e ganha o mesmo.	17%

Acompanhamento do Trabalho Remoto

Questionário 1	Questionário 2
15- Qual a periodicidade do seu gestor no desenvolvimento do trabalho?	6- Qual a carga horária de interação do funcionário com o gestor?
13- Qual o nível de monitoramento?	9- Qual o nível de monitoramento?
14- Qual o modelo de retorno do seu gestor no desenvolvimento do trabalho?	10- Qual o retorno do gestor no desenvolvimento do trabalho?
17- Como se realizam os relatórios periódicos de desempenho?	11- Como se realizam os relatórios periódicos de desempenho?
18- Qual a periodicidade dos relatórios periódicos de desempenho?	

Outro ponto de atenção para a percepção dos participantes quanto às mudanças promovidas pela necessidade do trabalho remoto está no acompanhamento das atividades rotineiras dos funcionários por seus respectivos gestores. Diversas perguntas apontavam para as formas e periodicidades dos encontros, monitoramentos e retornos dados aos funcionários.

Uma parte dos resultados mostra que metade dos participantes possuía acompanhamento semanal dos trabalhos, sendo as reuniões semanais os momentos de retorno e interação entre funcionários para pouco mais da metade.

Questionário 1 - Qual o nível de monitoramento?

13- Qual o nível de monitoramento?	
Retorno e considerações durante as reuniões.	50%
Retorno e considerações após as reuniões por contato direto com o funcionário.	0%
Retorno e considerações após as reuniões por mensagem.	50%
Não recebemos retorno e/ou considerações.	0%

Questionário 1 - Qual o modelo de retorno do seu gestor no desenvolvimento do trabalho?

14- Qual o modelo de retorno do seu gestor no desenvolvimento do trabalho?	
O gestor dá retorno e considerações mensalmente.	50%
O gestor dá retorno e considerações quinzenalmente.	0%
O gestor dá retorno e considerações diariamente.	17%
O gestor dá retorno e considerações diariamente e a qualquer tempo.	33%

Questionário 2 - Qual o nível de monitoramento?

9- Qual o nível de monitoramento?	
Reuniões semanais com apresentação dos trabalhos em desenvolvimento.	48%
Reuniões quinzenais com apresentação dos trabalhos e desenvolvimento.	20%
Reuniões mensais com apresentação dos trabalhos em desenvolvimento.	16%
Entrega de relatório final do trabalho.	16%

Questionário 2 - Qual o retorno do gestor no desenvolvimento do trabalho?

10- Qual o retorno do gestor no desenvolvimento do trabalho?	
Retorno e considerações durante as reuniões.	52%
Retorno e considerações após as reuniões por contato direto com o funcionário.	20%
Retorno e considerações após as reuniões por mensagens.	24%
Não precisamos de retorno e considerações.	4%

Ainda sobre o retorno dado aos funcionários, os resultados das questões referentes aos relatórios de desempenho mostram que para a metade dos respondentes, os relatórios periódicos de desempenho são realizados através de reuniões e apresentação de resultados, enquanto outra parcela utiliza sistema ou mensagens para tal atividade.

Questionário 1 - Como se realizam os relatórios periódicos de desempenho?

17- Como se realizam os relatórios periódicos de desempenho?	
Reuniões e apresentação de resultados, considerações e aprimoramentos.	50%
Reunião de apresentação dos resultados.	17%
Envio de relatório com os resultados.	17%
Inserção dos resultados no sistema da empresa.	17%

Questionário 2 - Como se realizam os relatórios periódicos de desempenho?

11- Como se realizam os relatórios periódicos de desempenho?	
Reunião e apresentação de resultados, considerações e aprimoramentos.	52%
Reunião da apresentação dos resultados.	8%
Envio de relatório com os resultados.	32%
Inserção dos resultados no sistema da empresa.	8%

Em relação à periodicidade dos relatórios de desempenho, um terço dos participantes informou ser solicitado a qualquer tempo e sem comunicação prévia.

Questionário 1 - Qual a periodicidade dos relatórios periódicos de desempenho?

18- Qual a periodicidade dos relatórios periódicos de desempenho?	
São solicitados mensalmente.	17%
São solicitados quinzenalmente.	33%
São solicitados semanalmente.	17%
São solicitados a qualquer tempo e sem comunicação prévia.	33%

Capacitação

Questionário 1	Questionário 2
11- Como se dá a capacitação em relação a sua carga horária contratual?	7- Como se dá a capacitação do funcionário em relação a sua carga horária contratual?

Considerando os respondentes alunos e técnicos, vemos que um terço tem seu tempo dedicado à capacitação totalmente fora da carga horária contratual. A situação também é verificada pelo lado dos gestores, onde os resultados indicam que o mesmo um terço possui funcionários fazendo sua capacitação integralmente fora da carga horária de trabalho.

Questionário 1 - Como se dá a capacitação em relação a sua carga horária contratual?

11- Como se dá a capacitação em relação a sua carga horária contratual?	
A capacitação está incluída totalmente na carga horária contratual.	33%
A capacitação, além do trabalho, exige um acréscimo de 10% na carga horária contratual.	17%
A capacitação, além do trabalho, exige um acréscimo de 30% na carga horária contratual.	17%
A capacitação, além do trabalho, sempre é totalmente fora da carga horária contratual.	33%

Questionário 2 - Como se dá a capacitação do funcionário em relação a sua carga horária contratual?

7- Como se dá a capacitação do funcionário em relação a sua carga horária contratual?	
A capacitação está incluída totalmente na carga horária contratual.	52%
A capacitação exige um acréscimo de 10% na carga horária contratual.	12%
A capacitação exige um acréscimo de 30% na carga horária contratual.	4%
A capacitação, quando ocorre, é totalmente fora da carga horária contratual.	32%

Ambiente de Trabalho

Questionário 1	Questionário 2
12 - Como você define, no seu trabalho, o ambiente social e mental?	8 - Como o gestor define, no trabalho, o ambiente social e mental do funcionário?

Os resultados para ambos questionários indicam dificuldades na adaptação do trabalho remoto, tendo mais de um terço dos respondentes afirmando que o ambiente no trabalho remoto foi "tenso" e "com atrasos". Entretanto, uma grande parcela respondeu que as condições de trabalho remoto não geraram problemas com entregas de resultados.

Questionário 1 - Como você define, no seu trabalho, o ambiente social e mental?

12- Como você define, no seu trabalho, o ambiente social e mental?	
O ambiente social e mental é desafiador, mas excelente, amigável e sem atrasos de entregas.	33%
O ambiente social e mental é tenso, muito cobrado, mas sem atrasos de entregas.	33%
O ambiente social e mental é muito tenso, muito cobrado e com atrasos de entregas.	33%
O ambiente social e mental está enlouquecedor, tenso, muito cobrado e sempre com atrasos de entregas.	0%

Questionário 2 - Como o gestor define, no seu trabalho, o ambiente social e mental do funcionário?

8- Como o gestor define, no trabalho, o ambiente social e mental do funcionário?	
O ambiente social e mental é percebido como excelente, amigável e sem atrasos de entregas.	20%
O ambiente social e mental é percebido como bom e sem atrasos de entregas.	28%
O ambiente social e mental é percebido como difícil e com atrasos de entregas.	44%
O ambiente social e mental não têm problemas.	8%

Sugestões e Melhorias

Questionário 1	Questionário 2
19- Como se realizam as propostas de melhorias levadas ao gestor?	12- Como se realizam as propostas de melhorias?

Entre alunos e técnicos, as respostas mostram que, para metade dos respondentes, as propostas de melhorias levadas ao gestor são realizadas através de reuniões de apresentação de novas propostas de melhorias.

Entre os gestores, observou-se grande variação na forma de proposição por melhorias, sendo parte dos processos formalizados – por mensagens, reuniões ou processo administrativo – enquanto pouco mais de um terço dos participantes informou que seu trabalho permite sugestões a qualquer momento.

Questionário 1 - Como se realizam as propostas de melhorias levadas ao gestor?

19- Como se realizam as propostas de melhorias levadas ao gestor?	
Reuniões de apresentação de novas propostas de melhorias.	50%
Processo de envio de propostas de melhorias para análise.	33%
Envio de propostas de melhorias por mensagem.	17%
Sugestões são recebidas a qualquer tempo.	0%

Questionário 2 - Como se realizam as propostas de melhorias?

12- Como se realizam as propostas de melhorias?	
Reunião de apresentação de novas propostas de melhorias.	36%
Processo de envio de propostas de melhorias para análise.	16%

Envio de propostas de melhorias por mensagens.	16%
Sugestões são recebidas a qualquer tempo.	32%

Capacidade Tecnológica

Questionário 1	Questionário 2
5- Quais os equipamentos disponibilizados pela empresa para o trabalho remoto?	-
6- Quais os equipamentos disponibilizados pelo funcionário, para o trabalho remoto?	-

As perguntas referentes à capacidade tecnológica para execução do trabalho remoto se restringiram aos profissionais técnicos e alunos.

Os resultados mostram que a metade dos respondentes não recebeu nenhum tipo de equipamento ou serviço disponibilizados pela instituição a qual pertencem. A outra parte informa ter recebido pelo menos um entre computador e plano de internet.

Sobre os recursos disponibilizados pelos funcionários, metade dos participantes não disponibilizou por conta própria nenhum equipamento ou serviço para o trabalho remoto.

Questionário 1 - Quais os equipamentos disponibilizados pela empresa para o trabalho remoto?

5- Quais os equipamentos disponibilizados pela empresa para o trabalho remoto?	
Computador e plano de rede de internet.	17%

Computador.	17%
Plano de rede de internet.	17%
Nenhum deles.	50%

Questionário 1 - Quais os equipamentos disponibilizados pelo funcionário, para o trabalho remoto?

6- Quais os equipamentos disponibilizados pelo funcionário, para o trabalho remoto?	
Computador e plano de rede de internet.	33%
Computador ou melhoria do computador.	0%
Plano de rede de internet ou ampliação do plano de rede.	17%
Nenhum deles.	50%

Mudanças do Período Remoto

Questionário 1:

7- Quais os benefícios nas condições para o trabalho remoto?
8- Quais os desafios nas condições para o trabalho remoto?
16- Qual o nível de inclusão ou mudança de rumo nos projetos pelo seu gestor no desenvolvimento do trabalho?
20- Qual o nível de satisfação técnica com o trabalho remoto?
21- Qual o nível de satisfação pessoal com o trabalho remoto?

No questionário respondido por profissionais técnicos e alunos, parte das perguntas buscava identificar a percepção sobre as mudanças trazidas pelo regime de trabalho remoto, em especial os benefícios e desafios, assim como a satisfação dos respondentes diante deste cenário.

Primeiramente, as respostas mostram unanimidade entre os participantes da pesquisa na percepção de que o nível de inclusão ou mudança de rumo nos projetos pelos gestores é normal e aceitável.

Questionário 1 - Qual o nível de inclusão ou mudança de rumo nos projetos pelo seu gestor no desenvolvimento do trabalho?

16- Qual o nível de inclusão ou mudança de rumo nos projetos pelo seu gestor no desenvolvimento do trabalho?	
O nível de inclusão ou mudança de rumo nos projetos pelo seu gestor é normal e aceitável.	100%
O nível de inclusão ou mudança de rumo nos projetos pelo seu gestor é grande, mas absorvível.	0%
O nível de inclusão ou mudança de rumo nos projetos pelo seu gestor é muito grande e tenso.	0%
O nível de inclusão ou mudança de rumo nos projetos pelo seu gestor é enorme e enlouquecedor.	0%

Sobre os benefícios trazidos pelo trabalho remoto, os resultados indicam variação nas percepções, sendo citados três entre as quatro opções fornecidas (excetuando somente a opção "junto da família mais tempo").

Questionário 1 - Quais os benefícios nas condições para o trabalho remoto?

7- Quais os benefícios nas condições para o trabalho remoto?	
Junto da família mais tempo.	0%
Flexibilidade na gestão de tempo.	33%
Flexibilidade na gestão das atividades.	33%
Sem problemas de transporte	33%

Por outro lado, os resultados referentes aos desafios encontrados pelos respondentes na execução do trabalho remoto mostraram que a gestão da carga horária é o principal ponto a ser discutido.

Questionário 1 - Quais os desafios nas condições para o trabalho remoto?

8- Quais os desafios nas condições para o trabalho remoto?	
Sem horário definido de trabalho.	17%
Maior quantidade de tempo de trabalho.	33%
Dificuldade na gestão do tempo.	33%
Sem definição de limites.	17%

Quanto à percepção da satisfação dos respondentes com os seus equipamentos para trabalho remoto, vemos que metade deles não teve problemas, enquanto um terço afirmou ter problemas com computador e/ou internet.

Questionário 1 - Qual o nível de satisfação técnica com o trabalho remoto?

20- Qual o nível de satisfação técnica com o trabalho remoto?	
Muito melhor trabalhar em casa.	17%
Sem problemas.	50%
Minha máquina não é tão boa e por vezes tem problema na rede.	33%
Não é bom.	0%

Para a satisfação pessoal, vemos que dois terços dos respondentes se manifestaram de forma positiva às alterações, afirmando não ter problemas ou preferir o regime de trabalho remoto.

Questionário 1 - Qual o nível de satisfação pessoal com o trabalho remoto?

21- Qual o nível de satisfação pessoal com o trabalho remoto?	
Muito melhor trabalhar em casa.	33%
Sem problemas.	33%
Minha máquina não é tão boa e por vezes tem problema na rede.	17%
Não é bom.	17%

Conclusões

Os resultados da pesquisa mostraram grande variação nas percepções dos respondentes, indicando as diferentes condições e formas de adaptação experimentadas durante o trabalho remoto.

Dentre as respostas obtidas, foi possível observar que a gestão do tempo e as dificuldades com a tecnologia foram pontos relevantes no período de trabalho remoto, causando aos profissionais percepções de desgaste.

Instituições e respondentes

As instituições a que pertencem os respondentes estão localizadas na região sudeste e possuem mais de 1000 colaboradores, indicando que a maioria dos participantes é interno à UERJ (docentes, discentes e servidores). Dentre profissionais técnicos e alunos, a maioria é composta por jovens adultos de até 40 anos de idade, enquanto entre professores, gestores e gerentes há grande variação e maior ocorrência de faixa etária acima de 60 anos.

Carga horária

Para a maioria dos participantes, as atividades foram realizadas em parte presencial e em parte remota, de forma variável. Houve sobrecarga de atividades para a maioria dos participantes, que nem sempre foram remunerados de acordo com seus contratos de trabalho vigentes ou que não tiveram seus contratos atualizados para a nova realidade a que estavam submetidos.

Deve-se atentar para a sobrecarga de trabalho, que se caracteriza pelo excesso de demandas, jornadas de trabalho excessivamente longas, prazos curtos de entregas entre outras questões que contribuem para a pressão sobre o colaborador.

Acompanhamento do trabalho remoto

A interação entre o gestor e os colaboradores se deu através do monitoramento das atividades e retorno no desenvolvimento do trabalho por meio de relatórios de desempenho elaborados em períodos variados. Apenas uma minoria dos respondentes informou não receber nenhum tipo de retorno ou considerações.

A variação nas respostas pode indicar diferentes relações de trabalho, porém é possível questionar a relevância do tempo em trabalho remoto na dificuldade de interação entre funcionário e gestor.

Capacitação

Para a maior parte dos respondentes, a capacitação foi feita fora da faixa da carga horária de 8 horas de jornada de trabalho, sendo necessário utilizar um tempo adicional para realizá-las.

Ambiente de trabalho

O ambiente social e mental no trabalho remoto foi definido de diferentes formas pelos entrevistados, com a maioria dos indivíduos relatando tensão e serem muito cobrados, afirmando perceber o ambiente como "difícil" e "com atrasos". Tal percepção pode indicar dificuldades em adaptação com o trabalho remoto.

Sugestões e melhorias

As propostas de melhorias também são realizadas de formas distintas, segundo os participantes, apesar de nem todas serem feitas diretamente em reuniões, sendo utilizados canais como envio de propostas por mensagem.

Capacidade tecnológica

Grande parte dos respondentes não obteve nenhum tipo de auxílio por parte das instituições como equipamento ou plano de internet e também não disponibilizou nenhum recurso próprio para a realização das atividades. Tal fato pode apontar para duas hipóteses: ou as atividades foram mantidas de forma presencial ou tiveram algum tipo de prejuízo pela não possibilidade de colaborarem de forma remota.

Mudanças no período remoto

Quanto ao nível de satisfação técnica e de satisfação pessoal com o trabalho remoto, a minoria dos participantes avaliou insatisfação por ter um equipamento aquém das necessidades, pelas dificuldades enfrentadas com instabilidade de conexão de rede de internet e também com o desenvolvimento das atividades estando em casa.

Com isso, podemos perceber que os desafios trazidos pelo regime de trabalho remoto e pela necessidade de uso da tecnologia para executar todas as atividades foram percebidos e absorvidos de diferentes formas.

Cabe destacar que a presente pesquisa não distingue, entre os participantes, o setor, departamento ou entidade na qual atua. É evidente que as condições oferecidas para o trabalho remoto variam para cada profissional, porém os resultados obtidos mostram que a adaptação com o novo regime de trabalho não depende somente da tecnologia disponibilizada. Foi observado também que a gestão da carga horária e a necessidade de tempo extra para capacitação são pontos de atenção para a atuação em regime remoto.

Desta forma, compreende-se que a experiência vivida pelo regime de trabalho remoto e, principalmente, a necessidade de uso da tecnologia para executar diversas funções, apresentou grandes dificuldades aos profissionais de todas as áreas. As percepções geradas pelas diferentes condições de trabalho mostraram que deve se atentar às condições dadas para a execução de serviços de forma remota.

Impressão e acabamento
Gráfica da Editora Ciência Moderna Ltda.
Tel: (21) 2201-6662